Komitee für Grundrechte und Demokratie
- Redaktion Doris Janshen -

Technik, Mensch und Menschenrecht

I N H A L T

Einleitung

Wer vor etwa gut 10 Jahren sich innerhalb der Linken mit den sogenannten neuen Technologien - Informations- und Kommunikationstechnologien - befaßte, geriet gar schnell in Technokratie-Verdacht. Den eigenen kritischen Kopf auf das technische Vermächtnis des Kapitals oder die technologiepolitische Handlangerschaft des Staates zu beziehen, ließ schnell das Vorurteil aufkommen, nun selbst der ungewollten technischen Rationalisierung die Steigbügel zu halten.

In der Tat kam die sogenannte zweite technische Revolution nicht nur für Bürgerinnen und Bürger, sondern auch für Sozialwissenschaftler überaus überraschend. Es war der Staat, der seinerzeit im Rahmen sozialdemokratischer Reformvorhaben auf die bevorstehende Rationalisierung in Betrieb, Verwaltung und Heim aufmerksam machte. So entstand z.B. Anfang der siebziger Jahre die Kommission für den Ausbau des technischen Kommunikationssystems und brachte die Diskussion über Breitbandkommunikation und ihre Folgen erstmals ins Rollen. Die sogenannten Betroffenen fühlten sich überrollt, schien es doch so, als seien neue Technologien unversehens zur Anwendungsfähigkeit herangereift. Für die meisten schien es seinerzeit sinnvoll, politisch das zu verweigern, was von ihnen durch demokratische Prozesse nicht eingeklagt worden war.

Inzwischen sieht es anders aus. Nicht nur, daß Technologiepolitik zum Modethema geworden ist, Bürgerinnen und Bürger sehen inzwischen mit eigenen Augen, daß technologiepolitische Entscheidungen ihrem Willensbildungsprozeß so weit vorausgeeilt sind, daß sie durch bloße Abwehr kaum zu verzögern, geschweige denn zu verhindern sind: Die Polizei weiß schon seit langem mit elektronischen Technologien umzugehen, die Größten der Wirtschaft waren schon in den siebziger Jahren per Kabel durch die Ozeane miteinander verbunden. Gegenwärtig stellen hierzulande schon mittlere und kleinere Betriebe auf Bildschirm- und Computerarbeit um, und die ersten müssen ihre Arbeitsplätze räumen. Daheim spielen Vater und Sohn Telespiele, und Mutter richtet sich vielleicht schon auf Heimarbeit ein. "Akzeptanz" lautet entsprechend das gegenwärtige Zauberwort offizieller Technologiepolitik.

Aber nicht alle wollen akzeptieren, was wie unterm Blick der Medusa zur unverrückbaren Tatsache erstarrt. Viele haben sich schon gewehrt. Etwa gegen den maschinenlesbaren Personalausweis, gegen die Verkabelung, andere sinnen darüber nach, ob diese neuen Technologien auch zum Nutzen der Menschen eingesetzt werden können. Grundsätzlich aber: Ratlosigkeit ist an der Tagesordnung.

Wenn nun auch das Komitee für Grundrechte und Demokratie einen ersten Beitrag in die technologiepolitische Debatte einbringt, so ist dies nicht als eine bloße Einstimmung in die inflationäre Thematisierung neuer Technologien abzutun. Im Gegenteil. Angesichts eines technologischen Veränderungsschubs, der keine Form gesellschaftlicher Geselligkeit, der keine Variante der Herrschaftsausübung auslassen wird, meinen wir, daß Grundpositionen der gesellschaftlichen und staatlichen Moral - sprich Menschenrechte - neu überdacht, ja, neu formuliert werden müssen.

Für ein solches Ansinnen ist diese Broschüre nur ein Denkanstoß, ein erster Versuch, alte Fragen neu zu stellen. Die einzelnen Beiträge sind grosso modo bereits vor einiger Zeit auf einer Jahrestagung präsentiert worden, die wie diese Broschüre den Titel "Technik, Mensch und Menschenrecht" trug. Wenn wir das Wort Technik an den Anfang gestellt haben, so drückt sich darin nicht etwa ein geheimer Technizismus aus - gerade bei Technikkritikern tritt er hintergründig oft zutage -, sondern dies ist der Tatsache geschuldet, daß technische Innovationen uns heute dazu zwingen, Grundpositionen der Menschlichkeit und der menschlichen Bedürfnisse neu zu überdenken.

Die drei ersten, eher grundsätzlich angelegten Beiträge reflektieren den Zusammenhang von Technik, Mensch und Menschenrecht, jeder freilich mit einer spezifischen Gewichtung. Doris Janshen geht von anthropologischen Grundbedürfnissen des Menschen aus und sucht vor dem Hintergrund der technologischen Herausforderungen nach neuen politischen Schutzformeln im Kontext menschenrechtlicher Reflexion. Wolf-Dieter Narr läßt sich in seinen Gedanken von den inneren Strukturprinzipien der Technologien anleiten und entwickelt daraus Forderungen nach einer zeitgemäßen menschenrechtlichen Konzeption. Wilhelm Steinmüller zeichnet in scharfen Strichen Gefährdungen des Menschen durch die neuen Technologien auf und stellt sich der Frage, welche gesellschaftlichen Gruppen widerstandsfähig die Rechte aller verteidigen könnten.

Im zweiten Teil der Broschüre werden verschiedene Einzelaspekte präsentiert. Bei der Abfolge und Auswahl haben wir uns an der Frage der Politikbedürftigkeit orientiert. Es mag zwar richtig sein, daß Folgen der neuen Technologien - beabsichtigte und unbeabsichtigte - derzeit im Produktionssektor am ehesten erkennbar sind, aber die politischen Zuständigkeiten sind geklärt und eingefahren, insofern als in den meisten Betrieben, in denen die Rationalisierung ansteht, die Gewerkschaften Fuß gefaßt haben. Nur ein einziger

Beitrag, der von Hedwig Rudolph, bezieht sich deshalb auf den sogenannten sekundären Sektor. Hier wird jedoch eine Personengruppe angesprochen, die bei den Gewerkschaften immer wieder durch das Raster der politischen Verantwortung gefallen ist: erwerbstätige Frauen.

Angelika Bahl-Benker gehört zu den wenigen, die sich innerhalb der Gewerkschaften mit den Rationalisierungsfolgen von Frauen tagtäglich auseinandersetzen. Entsprechend reflektiert ihr Beitrag die Situation von Frauen im Dienstleistungs- und Bürobereich, wo Rationalisierungsfolgen für Frauen derzeit am deutlichsten ausfallen. Gemessen an der Tatsache, daß Frauen in diesen Erwerbsbereichen sowohl qualitativ am negativsten betroffen sein werden, ist der politische Widerstand ebenso mau wie flau. Die Orte des Widerstands sind noch nicht definiert.

Die beiden Beiträge von Gerd Schwandner und Volker Gransow machen ebenfalls auf bedrohliche Weise sichtbar, daß herkömmliche Formen der technologiepolitischen Auseinandersetzung nicht ausreichen, um Gefahren für Mensch und Menschlichkeit abzuwehren. Andere Bühnen der Konfliktaustragung müssen entstehen und mit neuer Dramaturgie besetzt werden. Beunruhigung hinterläßt in dieser Hinsicht der Beitrag von Gerd Schwandner. Arbeitsplatzverluste, die durch die Rationalisierung des Gesundheitssektors entstehen, mögen ja noch in die Anwaltschaft tradierter Politikbereiche fallen, wer aber übernimmt die Verantwortung für den kranken Menschen, der unterjocht vom Standard techno-bürokratischer Zwänge vergeblich auf den Respekt vor seiner Krankheit pocht? Eine entsprechende Verunsicherung bewirkt der Beitrag von Volker Gransow. Daß die gegenwärtige gesellschaftliche Rationalisierung auch das sogenannte Private nicht ausläßt, mag allmählich zum Gemeinplatz technologiepolitischer Auseinandersetzungen avancieren. Gleichwohl aber ermangelt es einer politischen Sprache für diese Veränderungen, geschweige denn eines Ortes für ihre Verlautbarung und Durchsetzung. Volker Gransows Ausführungen motivieren dazu, ihn zu suchen.

Insgesamt wirft diese Broschüre mehr Fragen auf, als sie beantwortet. Einerseits erscheint uns dies der Situation angemessen, andererseits möchten wir Mitglieder und Freunde des Komitees zur Einmischung bewegen. Wir sind darauf angewiesen, daß viele von uns die uns bedrückenden Probleme - im Sinne des Humanums, auf das wir uns verpflichtet haben - weiter klären und beeinflussen.

Im August 1986

Komitee für Grundrechte und Demokratie

Doris Janshen

Bilder vom Menschen. Zu Technik, Mensch und Menschenrecht

> An Fortschritt glauben, heißt nicht glauben, daß Fortschritt schon geschehen wäre. Das wäre kein Glaube.
> Franz Kafka

In den Spuren, die frühere Generationen den späteren in der Menschheitsgeschichte hinterlassen, dokumentiert sich die jeweilige Selbstfindung des Menschen, sein jeweiliger Versuch, sich von seiner Gattung, von seinem historischen Auftrag ein Bild zu machen. Daß "nicht einmal das Menschliche angeboren sei", merkte Ernst Bloch an, und in der Tat, zu jeder Zeit sind Menschen aufgerufen, zu Bildnern jener Form zu werden, in der alle leben, lieben, arbeiten und sterben können. Wie unterschiedlich Menschen ihr Humanum erlebten und bestimmten, erkennen wir an den Dingen, die sie uns hinterließen: Kult-, aber auch Alltagsgerät, Weisheiten und Banalitäten, große Kunstwerk und kleine Kritzeleien, mit denen sie sich ins Bild setzten. Anderes noch: die großen und kleinen technischen Erfindungen, die den zivilisatorischen Prozeß tragen und vorantreiben.

Kunst als Entwurf und Interpretation der menschlichen Existenz zu sehen, ist uns geläufig. Technik bewerten wir sehr viel seltener als Ausdruck und Bild existentieller Konflikte und Wünsche. Insbesondere in der Gegenwart tendieren viele dazu, die Technologieentwicklung als bloßes Verhängnis und ungewolltes zivilisatorisches Vermächtnis abzutun. Technik erscheint als etwas, was andere denen antun, die's besser wissen, sich aber nicht dagegen wehren können. Auch wenn sich Zweifel und Widerstand regen mag - ich möchte aus einer anderen Richtung argumentieren.

Die technischen Gebilde auch unserer Zivilisation betrachte ich als Ausdruck kollektiver Selbstbestimmung und existentieller Selbstfindung des gegenwärtigen Menschen, ja, auch "seines Humanums", gleichviel - um ein Beispiel zu nennen -, ob er sich ans Kabelnetz anschließen läßt oder in einer Bürgergruppe gegen die Vernetzung protestiert. Es geht mir also nicht nur um die Offenlegung der verneinenden und vernichtenden Kräfte im zivilisatorischen Prozeß der Gegenwart, nein, ebenso um den geheimen Pakt, der Macher wie Merker in eine gemeinsame Geschichte zwingt.

Es ist Siegfried Giedions Verdienst, in seinem grundlegenden Werk über die "Herrschaft der Mechanisierung" (1) gleich für verschiedene Epochen sichtbar gemacht zu haben, wie nahe Problemsicht und Gestaltung bei Künstlern und Technikern beieinanderliegen. Mithin kann es nicht angehen, einseitig dort das Kritische und da den Pakt mit der Zerstörung zu sehen. Ein Beispiel: Als zu Beginn dieses Jahrhunderts der Ingenieur Frank B. Gilbreth seine berühmt gewordenen Bewegungsstudien für die "wissenschaftliche Betriebsgestaltung" durchführte, waren Physiker von dem Problem fasziniert, Bewegungen zu berechnen und sichtbar zu machen, und für Künstler wie Klee, Leger u.a. wurde die Bewegung zum Ausdruck und zur Form.

Zu etwa derselben Zeit malte Chirico unter dem Eindruck der beginnenden Automatisierung der Produktion seine mechanischen Menschen und brachte damit seine Angst vor der Mechanisierung des Menschen, ja, des Menschlichen überhaupt zum Ausdruck. Der gegenwärtige Schub technischer Rationalisierung schafft solcher Unruhe erneut Recht und Raum, rückt doch die Rationalität der Rationalisierung dem Menschen schier auf die Haut. Nicht nur staatliche und wirtschaftliche Institutionen schicken sich an, ihre Herrschafts- und Machtbereiche mit neuen Technologien aufzupolieren, nein, auch unser Privatissimum ist dem kühlen Atem der Rationalisierung ausgesetzt. Telekommunikation schafft neue Beziehungen und Kontrollen, der Walkman ebnet neue Wege nach innen, Kabelfernsehen bringt Arbeit ins Heim, und auf der Schwelle zum Schlafzimmer warten neue Gentechnologien auf ihre Anwendung an den geheimen Orten der Intimität. Nicht nur die (Un)Ordnung der Institutionen steht zur Neuordnung an - neue Technologien greifen direkt ein ins Refugium unserer Wünsche, Gefühle und Phantasien.

Unvermittelter noch als die bisherige Technik- und Zivilisationsgeschichte macht der gegenwärtige Rationalisierungsschub daher sichtbar, daß existentielle Bedürfnisse von technischen Innovationen nicht unabhängig gedacht werden können. Ob wir lieben, weinen oder arbeiten, Ergebnisse technischer Kreativität sind direkt oder indirekt beteiligt. Dies freilich nicht nur in dem Sinne, daß die Technologien sich uns aufdrängen. Denn es sind wiederum auch Menschen, die uns solche Bedrängnis aufherrschen und es denen, die sich zu den kritischen Geistern zählen, merkwürdigerweise so schwer machen, sich dagegen zu wehren. Wie mir scheint, ist diese beobachtbare Schwierigkeit nicht nur auf die Macht der staatlichen und wirtschaftlichen Institutionen zurückzuführen, sondern ebenso auf Projektionen und Wünsche, die "Täter" und "Opfer" gleichermaßen assoziieren.

Diese letzte Folgerung scheint mir erläuterungsbedürftig. Deshalb möchte ich eine Position aufgreifen, die nicht vorschnell als nur "konservativ" verworfen sein sollte: Arnold Gehlen explizierte seine Auffassung, daß die Technologien, die wir heute besitzen, Ausdruck von Omnipotenzphantasien sind, die sich an unser körperliches Vermögen, richtiger unser körperliches Unvermögen anbinden. Die Fernsehkamera sieht mehr und besser als unser Auge, Telegraphie schärft das Gehör über unendliche Entfernungen, Fliegen dokumentiert einen gattungsmäßigen Neid auf die Vögel und erfüllt einen Menschheitstraum. Solch ein Denkansatz scheint mir plausibel, wird doch bis in die Sprache hinein deutlich - Felsnase, Knie des Waschbeckens, Meeresarm usw. -, daß die Erfahrung menschlicher Körperlichkeit Deutungen unserer sozialen Umwelt ins Bild setzt.

Daß unsere Umarmungen von Sehnsüchten angeleitet sind, ist uns ein vertrauter Gedanke. Daß dies auch für die Manifestationen unserer technischen Zivilisation gilt, sehr viel weniger. Dennoch, die von Sehnsüchten getragenen Vorstellungen von der Technik sind weitaus älter als ihre Verwirklichung, ja, auch die einzelnen Technologien haben ihre "Faszinationsgeschichte", die nicht nur weit zurückreicht, sie ist auch die Vorform unserer eigenen Wünsche, auch wenn wir Manifestationen der Gegenwartstechnik in aller Strenge ablehnen mögen. Das möchte ich sichtbar machen.

Von der Trias "Technik, Mensch und Menschenrecht" sind zwei Elemente vorklärend nunmehr aufeinander bezogen: Mensch und Technik. Ist die Auslegung dieses Zusammenhangs in die Dimension der Menschenrechte nur das obligate Anhängsel eines Komitees für Grundrechte? Nein. Eine erste gedankliche Verbindung zwischen Technik und Menschenrecht stellt sich her über die jeweilige Beziehung zum menschlichen Bedürfnis nach Macht. Sich kraftvoll und stark fühlen zu wollen, ist ein achtenswertes Bedürfnis des Menschen. Seiner selbst mächtig zu sein, ist die Grundlage auch für konstruktives gesellschaftliches Handeln. Mächtiger sein zu wollen als die meisten anderen wiederum, befördert den Sog ins Negative, die Tendenz der anmaßend Mächtigen, ihre Macht auch mit Gewalt zu verteidigen und zu schützen. Hier nun kommt die Technik mit ins Spiel. Ein Blick in die Geschichte der Technik des Abendlandes zeigt: Den Mächtigsten war die Technik stets zu Diensten, richtiger, sie wurde von diesen dienstbar gemacht. Auf diese Weise ist Technik für viele zur Metapher für Unterdrückung und Unfreiheit geworden. Ganz anders sehen wir die Beziehung zur Macht aus der Perspektive der Menschenrechte. Gegen die anmaßende Macht von einzelnen oder privilegierten Gruppen standen seit der Französischen Revolution jene Menschenrechte, auf die wir uns heute immer noch berufen. Folgerichtig ist mithin, in einer gesellschaftlichen Situation, in der Technik das Medium ist, das erneut zur Umverteilung von Macht und Ohnmacht provoziert, diese in die Reflexion grundrechtlicher Erneuerung einzubeziehen.

Es mag sich nun fast von selber verstehen, daß die Erörterung neuer menschenrechtlicher Forderungen sich für mich im folgenden auch über die Reflexion existentieller Grundbedürfnisse herstellt. Das Eindringen der neuen Technologien in alle Sektoren des Lebens und Arbeitens zwingt, "unser Humanum" neu zu erleben und neu zu bestimmen. Die Rechte der Menschen, Menschenrechte, neu zu erkennen und politisch handelnd einzuklagen, sind wir mithin aufgerufen. Den Menschen als spielendes Wesen zu sehen bzw. zu wünschen, ist dabei das Leitmotiv meiner Ausführungen. Nicht, um den homo ludens dem homo faber altväterlich entgegenzusetzen, sondern um im menschlichen Handeln immer auch die Freiheit zu wissen. Gleichviel, ob der Mensch sich selbst oder mit den Dingen spielt - die Heiterkeit des Spiels impliziert die Freiheit aller Beteiligten: der Menschen, aber auch ihrer Dinge. Insofern reflektiert der Versuch, den Menschen als spielendes Wesen zu denken, immer auch das Recht auf Menschenwürde, auf jenes Menschenrecht mithin, das als allgemeinstes historisch immer wieder neu einer Klärung bedarf.

1. Leben und Tod

Ob eine Gesellschaft Verhältnisse bereitstellt, die dem Anspruch auf Menschenwürde gerecht werden, entscheidet sich in ihrem Umgang mit Leben und Tod. Daß Menschen geboren werden und wieder sterben müssen, setzt den Rahmen für alles gesellschaftliche Handeln. Die Frage nach dem Umgang mit Leben und Tod halte ich deshalb für die elementarste überhaupt. Die Antworten, die menschliche Gemeinschaften darauf gegeben haben, verwirklichen sich bis in die feinsten Verästelungen der gesellschaftlichen Formation.

Daß jeder Mensch zufällig an seinen Ort und in seine Zeit verwiesen zu sein scheint, daß alle sterben müssen und nicht wissen wann, zwingt in allen Kulturen zu Ernst und Auseinandersetzung. Wie unzureichend dies bleibt, zeigt sich daran, daß der Wechsel von Tod und Leben kaum einmal in ein heiteres Spiel des gesellschaftlichen Miteinander verwoben ist. Daraus wiederum entsteht das Bedürfnis nach außerweltlichen Instanzen der menschlichen Ordnung. Die eigenen Wünsche nach einem zeitenthobenen Dasein haben Menschen immer wieder ins Jenseits projiziert.

Griechenlands Götter etwa spielten - selbst unangefochten vom Verrinnen der Zeit - Schicksal für jene, denen die Vorgewißheit ewigen Lebens nicht beschieden war. Listen ebenso wie Techniken - denken wir nur einmal an das Trojanische Pferd - waren in ihrem Spiel zugelassen. Ihr Spiel war zwar nicht frei von Gewalt, aber es führte immer wieder zurück in die Freiheit der Harmonie. Zurückgeholt ins menschliche Leben, erst recht in das der Gegenwart, haben solche Mythen wenig Spielerisches mehr. Kriegsspiele der männlichen Menschen verleihen auch ihnen göttergleich Macht über Leben und Tod, ja, je weiter die Menschheitsgeschichte im Takt des Fortschritts voranschreitet, um so mehr - so scheint mir - wird der Tod über die Inszenierung des Tötens ins Bild gesetzt, wird die Angst vor dem Sterben in kollektiven Vernichtungsorgien abgearbeitet. Es ist Männern übertragen, das Sterben den natürlichen Zyklen gewalttätig zu entreißen und ihm seine Würde zu nehmen. Das Sterben des einzelnen dagegen ist in unserer Gesellschaft zum peinlichen - damit kulturell kaum noch integrierten - Zwischenfall geworden und kollektive Tötungsorgien werden zum fast einzigen Ritual für die Bearbeitung der Angst vor dem Tode. Wo der andere getötet wird, triumphiert das eigene Leben.

Wo immer homo homini lupus, wo immer ein Mann den anderen tötete, wo immer im Blutrausch dem Wahn der eigenen Unsterblichkeit gehuldigt wurde, war auch Technik mit im Spiel. Diese Zivilisationsgeschichte reicht von der Axt bis zur Pershing.

Daß der Krieg der Vater aller Dinge sei, gilt gerade für die Geschichte der technischen Erfindungen. Der syrische Streitwagen bereitete den Weg für unser Auto, die Konstruktion von Kanonen beförderte die Berechnung von Bewegungen im Raum, Kabelnetze, wie sie jetzt in unserem Land verlegt werden, dienten zuallererst den Kontrollbedürfnissen des Militärs. Die Beispiele sind unzählig. Unsere Zivilisationsgeschichte ist mit dem Anliegen des Tötens eng verknüpft. Wie bereits angedeutet, reichen die Wurzeln verneinender technischer Kreativität bis in die Antike zurück, doch die Spezialisierung von Technikern und Ingenieuren auf das Geschäft des Todes allein ist eine durchaus moderne Sache. Viele Staaten fördern die Kriegstechnologie mit dem höchsten Anteil ihrer Forschungsmittel, und so kommt es, daß heute - weltweit betrachtet - etwa 40 Prozent aller Ingenieure in der Rüstungsindustrie beschäftigt sind.

Techniker vormoderner Gesellschaften waren weniger auf das Anliegen des Todes spezialisiert, sondern auch auf die des Lebens durchaus eingerichtet. Ein ebenso berühmtes wie stellvertretendes Beispiel ist Leonardo da Vinci. Als Ingenieur hat er ein gut Teil seiner Arbeitskraft auf die Verbesserung der Kriegsmaschinerie verwandt. Aber er war auch den friedlichen Interessen des Staates und der Macht des Geistes durchaus zu Diensten. Wie wir wissen, baute er auch Denkmäler und Brücken, malte er Bilder, ja, er war fasziniert von der Schönheit des lebendigen menschlichen Körpers und stellte ihn ins Zentrum seiner ästhetischen Reflexionen. Entsprechend waren bis ins 18. Jahrhundert hinein nur wenige Techniker auf Kriegstechnik allein spezialisiert. Denken wir etwa an Bauten und Kunst des Barock, für die viele technische Erfindungen gemacht wurden, so zeigt sich, daß nicht nur die Hinfälligkeit des menschlichen Körpers, sondern auch die Großartigkeit menschlichen Lebens und Schaffens durch technischen Erfindergeist unsterblich werden sollte.

Vergessen wir nicht: in den ständischen Gesellschaften war der Ritter, war der Krieger ein angesehener Mann. Das todbringende Gerät, das er in seinen Händen hielt, erfreut heute museale Gemüter in den Ausstellungen. Aber auch er tötete. Was verbindet uns mit ihm? Warum wirkt der Tod, den die Ritter verkörpern, museal angesichts der Gigantonomie der Zerstörung, die uns heute bedroht?

In unserer Gesellschaft, in der die Gefahr des großtechnisch zelebrierten Holozids keinen mehr ausnimmt, in der die Selbstauslöschung des Menschen durch die Technik immer wahrscheinlicher wird, wird Technik immer mehr zu einer Sache des Todes, ja, wird das Reden über Technik immer mehr zu einer Angelegenheit der Thanatologie.

Wiederum ist die Wertschätzung des menschlichen Lebens tief in unserer Kultur verwurzelt. "Du sollst nicht töten", heißt es im mosaischen Gesetz. "Jeder Mensch hat ein Reccht auf Leben", so lautet der Artikel 3 der Deklaration der Menschenrechte. Ernst Bloch nannte den Krieg als "legalisierte und systematische Verletzung menschlicher Integrität" die "Verdichtung sämtlicher Verbrechen gegen die Menschenwürde". Doch dies elementarste aller Menschenrechte, das Recht auf Leben, wurde und wird immer wieder verletzt. Aber es gab in der Menschheitsgeschichte immer wieder auch Zeiten und Orte, die Leben, nicht aber Tod und Töten zum Inbegriff ihrer Kultur gemacht haben. Kleine Kulturen - aber immerhin es gab sie.

Überall und allgegenwärtig - nicht nur dort, wo Menschen hungern, nicht nur dort, wo Menschen gefoltert werden, nicht nur dort, wo Männer - oder auch einzelne vermannt-mächtige Frauen - sich den Krieg erklärt haben -, überall und allgegenwärtig droht das atomare Fiasko. Diese Universalität der Bedrohung, diese Allgegenwart des Todes zu jeder Zeit und an jedem Ort ist etwas menschheitsgeschichtlich Neues und verändert die Topoi der politischen Moral. Aber in den Ausformulierungen der internationalen Menschenrechtskonventionen hat sich die Universalisierung des Todes in der Weltkultur noch nicht niedergeschlagen. Inzwischen geht es nicht mehr nur um das Leben, nicht nur um die Verdammung des Völkermords.Um mehr noch. Denn nicht nur der Mensch, selbst das Bild von ihm, die Manifestationen seiner Kultur, Erinnerung und Hoffnung scheinen schon jetzt ausgelöscht in der Vorgewißheit der großtechnischen Apokalypse. Mehr denn je, so scheint mir, wird der gewaltförmige Tod zum Inbegriff unserer Kultur, mehr denn je zum Schrittmacher der totalen Zerstörung. Die Gesellschaft, die Weltgesellschaft wird zu einer Gemeinschaft potentieller Suizidenten. Alle sind bedroht durch ein würdeloses Sterben, vor dem wir uns nicht mehr verbeugen können. Für die unbescheidene Sorge um die eigene Unsterblichkeit - wie oft gab sie in der Vergangenheit Elan für neue Fortschrittsideen! - ist die Zeit so knapp geworden, daß das Recht auf körperliche Unversehrtheit, das habeas corpus geradezu klein und altertümlich wirkt angesichts der Universalität der tödlichen Bedrohung.

Auch wenn es schier den Atem verschlägt: Nicht nur das Menschenrecht auf Leben verlangt nach Geltung - die Forderung auf Erhalt der Gattung sucht nach einer Formulierung und nach neuen Wegen der Durchsetzung. Gegen eine Bedrohung von Menschen gegen Menschen, die ohne Großtechnik nicht möglich wäre.

An dieser Stelle ist klärendes Innehalten geboten. Die Technik auf den Körper des Menschen, richtiger seine existentiellen Bedürfnisse zu beziehen, war eingangs mein Versprechen. Was aber hat die Auslöschung der Gattung mit den wie immer verqueren Wünschen der Menschen zu tun? Auch wenn Menschheitsfragen in diesem kurzen Beitrag nicht geklärt werden können, möchte ich doch versuchen, wenigstens einige Schneisen ins Dickicht zu schlagen.

Keine Frage bringt uns in ein intimeres Verhältnis zu unserem Körper wie die nach unserer Sterblichkeit. Entsprechend nah sind Deutungen dieser Existenzfrage an die Erfahrung des Körpers gebunden. Wenn unser Körper lebensfähig ist, werden wir geboren, und wir sind auf der Welt; wenn unser Körper nicht mehr lebensfähig ist, löst sich auch der existentielle Zusammenhalt auf, und wir sind aus der Welt. Intimität, körperliche, seelische, ja, existentielle Intimität wird uns erfahrbar sowohl aus dem Erleben der Geburt als auch des Sterbens. Aber nicht in der Zuspitzung der vereinseitigten Intimität des Gebärens oder des Sterbens realisiert sich das Humanum des Menschen, das Bild von sich selbst, sondern aus der produktiven Umsetzung der Spannung zwischen beiden Polen.

Ich möchte dies verdeutlichen, denn - wie mir scheint - ist die Zerreißung dieser Spannung in isolierte Inseln menschlicher Erfahrung für die Entgleisung des zivilisatorischen Prozesses, mit anderen Worten auch für die Technologieentwicklung verantwortlich. Diese Spannung wird durch die polarisierte Selbstdefinition des weiblichen und des männlichen Menschen auseinandergerissen. Frauen erleben die schmerzliche Spannung zwischen Sein und Nichtsein, wenn sie gebären, wenn sie unter dem Risiko des eigenen Todes aus ihrem Körper neue Menschen entlassen, Männer seit altersher, wenn sie den letzten Blick aus den Augen des sterbenden Feindes erhaschen. Was Wunder, wenn beiden Erfahrungen erotische Erlebnisdimensionen nachgesagt werden.

Männer haben sich, wie bereits gesagt, die Technik für die Verwirklichung solchen Erlebens zunutze gemacht. Technik potenziert aus dieser Sicht den Unsterblichkeitswahn bzw. die vermeintliche Macht über Leben und Tod. Eben dies, so meine These, trieb die ineinander verwobene Kriegs- und Technikgeschichte an und macht die Achtung vor der menschlichen Würde zu einem marginalisierten Bedürfnis.

Die Zerreißung der Spannung zwischen Tod und Leben durch die Aneignung der Okkupation des Sterbens und Gebärens durch ein jeweils anderes Geschlecht reicht allein jedoch nicht aus, um den suchtartigen Sog in die Gigantomanie der Zerstörung zu erklären. Anderes tritt noch hinzu. Ich möchte daher noch einen Ansatz zum Weiterdenken anbieten und greife ein Buch des englischen Kernphysikers Brian Easlea auf. Ihm kommt das Verdienst zu, die Entstehungsgeschichte der schrecklichsten Vernichtungswaffe, der Atombombe, von ihren Ursprüngen her nachvollzogen zu haben. In seinem Buch "Fathering the Unthinkable" holt er weit aus und reflektiert zunächst die Wissenschaftstheorien des 17. und 18. Jahrhunderts als Penetrationsphilosophie (2). Etwa die Bacons. Deren theoretische Versatzstücke entdeckt er zuhauf in den Reflexionen der großen Uranforscher - bei Curie, Rutherford, Oppenheimer, Szilard und vielen anderen. Es verblüfft, wie unverblümt jene männlichen Wissenschaftler, die im wahrsten Sinne des Wortes bis ins Innerste der Natur, bis zum Atom, in zerstörerischer Absicht vordrangen, ihre intellektuellen Energien durch Assoziationen vom Eindringen und Penetrieren in die weiblich phantasierte Natur und Materie antrieben. Solche Aussagen finden sich in großer Fülle im ersten Teil des Buches, und fast möchten sich Leserin und Leser ermüdet abwenden, da verblüfft die Folgerichtigkeit der Metaphorik nach der Zündung der ersten Bombe. Immer wieder setzen sich Bilder von einer weltgeschichtlichen "Geburt" durch, und die Bomben selbst werden liebevoll als "Söhne" assoziiert. "Little Boy" hieß das erste Kind dieser phallischen Geburt.

Was an diesem Buch so ungemein beunruhigt, ist die Tatsache, daß die geschlechtsbezogene Zerreißung der kulturellen Verantwortung für Leben und Tod Mechanismen der kompensatorischen Aneignung befördert, die, oberflächlich betrachtet, unter Gebärneid fungieren. Was sich als Neid oder Konkurrenz verwirklicht, ist aber auch Ausdruck des fehlgeschlagenen Versuchs, die Spannung zwischen Leben und Tod, zwischen Frauen und Männern durch das Ineinanderzwingen, das Identisch-Machen komplementärer Pole zu zerstören, nicht aber im menschlichen Leben produktiv werden zu lassen. Und eine Technik, die dazu beiträgt, die Spannung zwischen Leben und Tod zu zerstören, anstatt sie schöpferisch auszutragen, erzeugt auch einen suchtartigen Sog in den Untergang. Jeder kleine Tod verlangt, um vergessen zu werden, nach dem größeren, jede kleine Technik sucht nach Überwindung in der nächsten.

Es greift freilich zu kurz, Männern allein für die Entgleisung der Zivilisation die Verantwortung aufzubürden, nur weil Frauen selten einmal aktiv Krieg führen und auch nur selten an der Technologieentwicklung beteiligt sind. In unserem Land gar sind nur zwei Prozent aller Ingenieure Frauen. Denn die Frauen haben sich aus der schöpferischen Umsetzung der Vergänglichkeitsspannung davongeschlichen. Vordergründig betrachtet stehen sie zwar in der Verantwortung für das Leben, doch schauen wir einmal genauer hin, so sehen wir, daß sie gebärend zwar Leben schenken und es eine zeitlang hegen, aber das erwachsene Leben wird unter ihren Augen schutzlos dem Tod ausgesetzt. Auf die Revolution der Mütter bei Beginn eines Krieges warten wir noch. Und sie schufen auch kein kulturell akzeptiertes Bild für ein menschenwürdiges Sterben. Sie leisten demnach keinen struktursetzenden Beitrag für die Bewältigung dieser existentiellen Erfahrung und lassen zu, daß das dominante Bild unserer Kultur vom Sterben das Töten ist.

Beide Geschlechter wissen demnach mit der Spannung von Leben und Tod nicht verantwortlich umzugehen, und so erweist sich aus dieser Perspektive das alte ehrwürdige Menschenrecht auf Leben ergänzungsbedürftig. Zu fordern ist - und dies eben nicht nur im Hinblick auf den Tod im technisierten Krankenhaus - das Recht auf einen würdevollen Tod. Beide Geschlechter sind in die Verantwortung dafür gestellt. Nur in einer Gesellschaft, in der das Sterben mit dem Anspruch auf menschliche Würde assoziiert wird, kann ein gelebter Widerstand gegen das gewaltförmige Töten Kraft und Wirkung haben. Nur wo das "Kriegsspiel" als Gewalt begriffen wird, entsteht "Spiel-Raum" für den spielenden Menschen.

Der Versuch, den Menschen als spielendes Wesen zu denken, rückt ihn schließlich auch lebendig ins Bild, im Umgang mit sich selbst und mit den Dingen. Im Umgang mit dem Lebendigen, wenn er Technik zu seinem Werkzeug macht. Ich frage mich, ob und wie Technik außerhalb der militärischen Maschinerie in die gesellschaftliche Organisation von Totem und Lebendigem strukturierend eingreift.

Wie einleitend bereits angedeutet, unterstellt eine solche Fragestellung nicht schlechthin einen Gegensatz zwischen Mensch und Technik. Es gehört ganz offenkundig der Mensch dem Lebendigen, die Maschine - oder allgemeiner die Technik überhaupt - dem Toten an. Allein die Tatsache, daß der Mensch ohne seine Zeit und seinen Ort nicht zu denken ist, die Maschine jedoch zeit- und ortsenthoben funktioniert, macht sichtbar, daß beide unterschiedlichen Bedingungen des Handelns unterstellt sind. Das implantierte künstliche Herz funktioniert möglicherweise noch, wenn sein Träger längst gestorben ist. Dennoch gibt es aber auch Verwandtes, wenn Menschen körperliche Vorgänge maschinenhaft interpretieren, isolieren und intellektuell imitieren und schließlich im technischen Produkt potenzieren.

Solche Interpretationen sind nicht erst seit La Mettries Vorstellungen vom Menschen angesagt, nein, die Faszinationsgeschichte der Technik als Abfolge der Nachahmung menschlicher Natur reicht weiter. Imitation als Antriebskraft für die Technologiegeschichte erzeugte mancherlei Erinnerungsposten. So wird z.B. aus dem vorgeschichtlichen Griechenland erzählt, wie der berühmte Baumeister Dädalus eine naturähnliche Kuh baute, nur damit sich eine Königin - in ihr versteckt - der Leidenschaft des Stiers hingeben konnte. Mutmaßlich hätte die Menschheitsgeschichte einen anderen Verlauf genommen, wären spätere Duplikationen des Lebendigen weiter eine Huldigung an die Lust geblieben. Nicht so. Vergnüglicher und spielerischer Einsicht in die "natürliche" Verwandtschaft zur Maschine dienten noch die Automaten - Tiere und meist weibliche Menschen - des 18. Jahrhunderts, aber die Entwicklungen des industriellen Zeitalters rufen eher die Erinnerung an den jüdischen Golem wach, an jenes Kunstwesen, das seinen menschlichen Schöpfer vernichtend in seine Grenzen wies.

Es charakterisiert die Technikgeschichte der vergangenen zweihundert Jahre, daß das Prinzip der Nachahmung mit dem der Substitution gekoppelt wurde: die Maschine als Substitution von Handeln als Arbeit, als Ersatz von Arbeitskraft zugunsten der Kapitaleigner. Der Roboter der vollautomatisierten Produktion ist heute symbolischer Ausdruck für die Gefahr, den Menschen zur Randerfahrung des Technischen zu machen. Schrittmacher für solche Gefahren ist dabei weniger die Imitation selbst, als vielmehr ihre Verwendung für lebens- und menschenfeindliche Interessen.

Gefährlich wird der Versuch, Lebendiges technisch zu imitieren, immer dann, wenn der Einsatz der Technik die Differenz zwischen Totem und Lebendigem verwischt oder gar ignoriert. Ein Beispiel: Informatiker sind heute fasziniert von der Möglichkeit, intellektuelle Abläufe durch die moderne Maschine "Computer" zu simulieren. Für sich genommen ist eben dies noch keine gefährlich zu nennende Sache, Gefahren kommen erst auf, wenn beim Einsatz der Computer außer acht gelassen wird, daß Computer nicht wirklich denken können. Denn zum Denken gehören auch Erfahrung, Gefühl, Einsicht und die Möglichkeit, Unvorhersehbares einzubeziehen. Mithin jene Qualitäten, die den Verstand von der Vernunft unterscheiden. Deshalb kann der Computer nicht "wirklich" Entscheidungen treffen, er entscheidet nur zwischen O und 1! Dennoch werden sie ihm übertragen. So können Computerentscheidungen die ganze "Defensivmaschinerie des Militärs" in Gang setzen. Die bekannte Forderung nach Technikbeschränkung verlangt gerade hier nach ihrem Recht.

Technische Rationalisierung hat einen kühlen Atem. Oder anders formuliert, die Art ihres gesellschaftlichen Einsatzes bedroht Eigenschaften und Ansprüche des Lebendigen und erzeugt jene Ohnmachts- und Entfremdungserfahrungen, die seit zweihundert Jahren immer wieder angeprangert wurden. Zum wirklichen Angriff auf das Lebendige selbst setzt erst eine ganz moderne Technik an: die Gentechnik.

Diese Technik greift im wahrsten Sinne des Wortes ins Innere der Natur ein, indem sie künstliche Ordnungsprinzipien für bislang unwandelbar gehaltene Naturabläufe einführt. Beispiele: Bislang war die Vermehrung unterschiedlicher Arten durch die Natur nicht vorgesehen, nun aber befördern Geningenieure Genanteile von einem Organismus zum anderen und werden dadurch zu Schöpfern widernatürlicher Wesen. Beim Klonen wiederum entstehen auf ungeschlechtliche Weise neue Lebewesen, Ableger quasi, die bislang nur von niederen Lebewesen erzeugt werden konnten. Daß menschliche Wesen - Föten - ohne körperliche Nähe, Lust und ohne Liebe "in vitro", d.h. im Glas erzeugt werden können, gehört ebenso in den Kontext solcher Entwicklungen wie die Leihmütter und die Samenbank. Um zu begreifen, daß durch diese Zerreißung natürlicher Abläufe bei der Entstehung lebendiger Wesen fundamentale gesellschaftliche Entscheidungen über den Umgang mit Leben und Tod im Umbruch sind, muß nicht erst die berühmt gewordene Lügengeschichte jenes amerikanischen Millionärs aufgetischt werden, der von sich behauptete, durch die Vermischung seiner Samen die eigene grandiose Grundausstattung im mutterlosen Sohn dupliziert zu haben. Auch wenn keine geklonten Menschen entstehen sollten, enthüllt sich in diesem Diskurs mit der Natur die patriarchale Faszinationsgeschichte, Söhne ohne Mutter zu schaffen, Kinder zu zeugen, ohne das Abgründige der Leidenschaft zu spüren, Geschöpfe nach dem Plan der Ratio zu schaffen. Mit solchen Tendenzen moderner Technik materialisiert sich im gesellschaftlichen Handeln die Programmatik der vorindustriellen Wissenschaft: Kopflust als Weltschöpfung.

Künstliche Ordnungen wider die Natur verlangen nach einer gesellschaftlichen und politischen Moral, die nicht nur die Integrität des Menschen, sondern auch die der Natur respektiert. Noch einmal sei das ehrwürdige habeas corpus aufgegriffen - aus der Sicht der skizzierten Entwicklungen ist es zu vertiefen und zu erweitern in ein habeas naturam. "Naturrecht ist, was die Natur alle lebenden Wesen gelehrt hat; denn dieses Recht ist nicht dem Menschengeschlecht eigentümlich, sondern allen gemeinsam, die auf dem Land, die im Meer geboren werden", schrieb Ulpian, ein Römer des vorchristlichen Zeitalters. Gegen ihn hatte Ernst Bloch noch eingewandt, daß ein Naturrecht, das auf alle lebenden Wesen erweitert wird, seinen "humanen Glanz" verliere. Die Faszinationsgeschichte einer patriarchal zertrümmerten Natur, die nicht einmal die "intimsten" Residuen ihrer Integration ausläßt, lehrt uns heute freilich anderes. Selbst wenn es dabei bliebe, lediglich die eigenartige Lebendigkeit der Bäume, Insekten und Haustiere zu verändern, selbst dann reproduzierten sich die Verletzungen des Rechts der Natur in die gesellschaftliche Ordnung hinein. Denn die Nichtachtung der außermenschlichen Natur strahlt ab auf die "Natur" der menschlichen Gesellschaft. Vorbei sind Zeiten - wie etwa der voraufklärerischen Naturrechtsdiskussion -, in denen die Unbeirrbarkeit natürlicher Abläufe zum Symbol für die Freiheitsrechte des Menschen genommen werden konnte. Wir sehen: nicht nur ein Menschenrecht auf Natur, nein, das "Naturrecht auf Natur" steht zur Formulierung an.

2. Macht und Freiheit

Ich komme zu einem weiteren vitalen Antrieb menschlichen Handelns, um von diesem ausgehend einige Erscheinungen des gegenwärtigen Technikeinsatzes zu reflektieren. Hier meine ich das Bedürfnis nach Kraft und Stärke, in einem weiteren Sinne auch das nach Gesundheit, Überlebensfähigkeit, Durchsetzungsfähigkeit und das nach Schönheit. Nicht zufällig sind Schönheit und Kraft oft Ziel des spielenden Menschen: in der Kunst, im Sport, in der Liebe. Damit sind Momente des menschlichen Selbstwertgefühls angesprochen, die in den politischen Widerstandsbewegungen, die mehr oder weniger in eine Opferperspektive korsettiert sind, kaum einmal Beachtung finden, in verzerrter oder kaschierter Form sich dann aber doch durch die Hintertür einschleichen. Solch verdrängende Zurückhaltung, ja, solch Mißtrauen gegenüber sich selbst entbehrt freilich nicht der Erfahrung und Begründung. Denn zu oft hat Kraft, Schönheit und Stärke dazu geführt, daß ein Mensch dem anderen seinen Willen aufherrscht, mit anderen Worten: sich anderer bemächtigt, Macht ausübt. Gleichwohl muß die Deformation von Stärke in Richtung Macht und Herrschaft nicht als ein Zeichen der Natur begriffen werden, eher handelt es sich um ein Indiz für die Schwierigkeit, in deformierten Verhältnissen das wiederum wohl angeborene - dazu lese man Fromm - Aggressionspotential für Selbstverteidigung nicht in offene Aggression entgleiten zu lassen.

Unverkennbar immerhin, daß die alle Befreiungsbewegungen antreibende Sehnsucht nach einer spontanen und konsenshaften Vergesellschaftung sich immer wieder hat beschränken lassen müssen. Nur selten einmal gelang der spielerische Umgang mit gesellschaftlichen Normen, nur selten einmal regulierte sich die Abstimmung fremder und eigener Bedürfnisse im bloßen Medium der Kommunikation. Frühgeschichtlich wurde deshalb religiösen, später staatlichen Instanzen das Recht der Sanktionierung von Übertretungen zugestanden. Auf diese Institutionen überträgt der einzelne nicht etwa nur den Wunsch nach zwangloser Vergesellschaftung, sondern den nach Dominanz über andere. Darauf aber gründet die lange und facettenreiche Geschichte des Mißbrauchs von Macht als Herrschaft, die nicht zuletzt deshalb so schwer zu erschüttern ist, weil noch im Widerstand gegen die Anmaßung von Herrschaft und Unterdrückung die eigenen Dominanzwünsche den Befreiungsenergien ein Schnippchen schlagen.

An die lange Geschichte der Unterdrückung von Menschen durch Apparaturen der Macht - Mumford hat sie nicht zu Unrecht Megamaschinen genannt - bindet sich ein entsprechend dauerhaftes Bedürfnis an, das als Bild des Humanums auch in den Menschenrechten seinen Niederschlag gefunden hat: die Forderung nach Freiheit. Wenn wir davon sprechen, daß Tiere in Freiheit leben, ist gemeint, daß sie ohne Beschränkung die Selbstverständlichkeit ihrer Lebens- und Bewegungsrhythmen ausleben können. Auch menschliche Freiheit beginnt mit der Freizügigkeit in Raum und Zeit, aber diese ist in jeder Formation menschlicher Geselligkeit neu interpretationsbedürftig. Und jeweils auch neu schutzbedürftig.

Die moderne bürgerliche Gesellschaft, deren Erben wir immer noch sind, übertrug die Ambivalenz von Freiheit und Herrschaft dem Staat, einem von der Programmatik her rationalen und vernünftigen Staat, der als solcher gegen die Anfechtungen der menschlichen Egoismen und Anmaßungen gefeit ist. Damit steht er ein für die Zivilisierung der Gewalt. Über seine Selbstverpflichtung auf Menschenrechte als Freiheitsrechte garantiert er die freie Selbstbestimmung des Volkes. In einem Zug wird er damit jedoch auch zur Bedrohung dieser Freiheit, denn seine Sanktionsgewalt ist gleichbedeutend mit der Repräsentanz totaler Institutionen: des Militärs, der Polizei, der Gefängnisse, der Anstalten usw. Es ist dieselbe Instanz, die einerseits die technische Aufrüstung vorantreibt, das Gewaltmonopol im Innern ausbaut und wiederum darauf verpflichtet ist, Bürgerinnen und Bürgerndie Grund- und Menschenrechte zu garantieren. Aus dieser Ambivalenz, aus diesem Widerspruch heraus, hat das Menschenrecht auf Widerstand seine bedeutende Rolle unter den Freiheitsrechten.

Um auf das Anliegen dieses Beitrags zurückzukommen, nun diese Frage: Welche Rolle nimmt in dieser Konstellation von Freiheit und Herrschaft die Technik ein? Inzwischen ist es zum Allgemeinplatz geworden, daß Technologien oft als Trendverstärker wirken, ja, sie machen das stärker, was ohnehin stark ist, sie schwächen das, was ohnehin schon schwach ist. Der Einsatz von Technologien kann also gleichermaßen das Ausmaß der Freiheit wie das Ausmaß der Herrschaft befördern.

Daß die Beantwortung dieser Frage sonst eher Skepsis als Euphorie hervorruft, legt bereits der erste Teil meiner Ausführungen nahe, schließlich wird die - Technik fetischisierende - Todessucht des Patriarchats durch staatliche Entscheidungen vorangetrieben. Die Verallgemeinerung dieser Technologien für die zivilen und inneren Belange des Staates birgt daher die Gefahr in sich, die totale Maschinerie des Militärs - einschließlich der projektiven inneren Triebsteuerungen - in alle Bereiche der Gesellung und Gesellschaft hineinzutragen.

Die Präzision und Verkleinerung der Computer ist zuallererst auf das Interesse zurückzuführen, die Zielgenauigkeit von Raketen zu verbessern; moderne Netze und Endgeräte der Telekommunikation wurden ebenfalls in den vierziger Jahren zunächst im militärischen Sektor erprobt. Noch bevor in den siebziger Jahren in der Bundesrepublik Videokameras als dezentrale Befreiungstechnologie begrüßt wurden, stützten sie schon ein gutes Jahrzehnt die Kontrollinteressen der Polizei, die ebenfalls schon vor der Diskussion des Kabelfernsehens und dergleichen mit modernen Übertragungstechnologien ausgestattet war. Die gegenwärtige Auseinandersetzung über die Integration aller telekommunikativen Übertragungsnetze in ein einheitliches - Stichwort ISDN - beschwört die von Kubicek und Steinmüller so oft beschriebene Angst vor der an jedem Ort und jederzeit gegenwärtigen Kontrolle, mithin von der Beschneidung von Freiheit schlechthin.

Solche Übertragung militärischer Erfindungen auf zivile Zwecke der Gesellschaft ist selbstverständlich nichts spezifisch Neues. Die entindividualisierte Maschinenhaftigkeit militärischer Ordnungsprinzipien - Funktionalität, Effektivität, Spezialisierung und Hierarchiebildung - wurde seit den ersten Reformen des bürgerlichen Staates um die

Wende vom 18. zum 19. Jahrhundert auf die staatliche Bürokratie übertragen. Max Weber hat die Folgen systematisch analysiert, und die Diskussion über mögliche Verwaltungsreformen während der siebziger Jahre hat auch für unsere Zeit noch einmal sichtbar gemacht, daß das "Gehäuse der Hörigkeit" von seinen inneren Prinzipien dem Anspruch einer lebendigen Gesellschaft entgegensteht. Ich will an dieser Stelle die hinreichend bekannte Kritik nicht weiter ausbreiten. Mein Hinweis dient lediglich als Folie dafür, daß heute die Informations- und Kommunikationstechnologien als Technik und nicht nur als strukturierendes Prinzip in die staatlichen Institutionen eingebracht werden. Sie verändern, wie ich deutlich machen möchte, die traditionelle Dialogstruktur zwischen Staat und Bürger und höhlen demokratische Widerstandsformen aus.

Bei Demonstrationen der vergangenen Jahre machte ich wiederholt die Bekanntschaft mit sogenannten Polit-Hackern, d.h. Demonstrationsteilnehmern, die sich daran machten, die Polizeicodes zu knacken, um auf diese Weise polizeilichen Strategien auf die Schliche zu kommen. Darin drückt sich meines Erachtens ein grundsätzliches Problem aus: eine gefährliche Diskrepanz zwischen der Rationalitätsstruktur des staatlichen und gesellschaftlichen Handelns, wie sie vor dieser Technisierung nicht bestanden hat. Natürlich verfügten von je her staatliche Apparate über eine bessere und effektivere Ausrüstung als etwa Demonstranten und Widerstandsgruppen. Was die Gegenwart jedoch auszeichnet, ist die Tatsache, daß Handlungsentscheidungen z.B. von Polizei und Demonstranten auf einem strukturell gänzlich unterschiedlichen Niveau stattfinden. Wer über die modernen, Raum- und Zeitstrukturen verändernden Technologien verfügt, bestimmt die Schritte und Handlungen derer, die bei ihren Entscheidungen eher traditionell in Zeiten und Räumen eingebunden sind. Damit aber verändert sich prinzipiell die Relation zwischen Freiheit und Herrschaft.

Ein Beispiel: In der traditionellen Konfiguration von Demonstranten und Polizei war eine Demonstration möglicherweise durch das überkommene Mittel des Flugblatts organisiert worden. Die Überlegenheit der Polizei entstand kaum durch schnellere eigene Medien als vielmehr durch ihren formativen Drill. Für Änderungen des strategischen Verhaltens waren beide Seiten auf das relativ langsame Instrument der direkten Kommunikation angewiesen, und dann weiter auf Befehle und Kommandos, die möglicherweise nicht nur auf der eigenen Seite gehört wurden. Aktion und Reaktion gehorchten derselben Geschwindigkeit. Trotz einzelner Polit-Hacker sind Demonstrationen auch heute "altertümlich" ausgerüstet, die Polizeieinheiten aber erhalten telekommunikativ jede Information gleichzeitig, und sie entscheiden lautlos und in Sekundenschnelle, ihre Machtmittel, z.B. Gas, einzusetzen. Und der künftige maschinenlesbare Personalausweis gibt potentiell schnellen Einblick in den Datenschweif des Bürgers, und blitzschnell findet eine Entscheidung über die politische und soziale "Unschuld" statt.

Wenn Fernabhörer einige Zukünfte schon im Zustand der Planung zur Vergangenheit entmachten, ist das fundamentale Recht auf Widerstand nicht nur geschmälert, sondern einer strukturell veränderten Situation unterworfen. Denn wenn Freiheit, auch Freiheit zum Widerstand, die Freizügigkeit in Zeit und Raum zu seiner Voraussetzung hat, dann deuten die gegenwärtigen Entwicklungen darauf hin, daß das altertümliche Recht auf Widerstand nach neuen Formen seines politischen Ausdrucks suchen muß. Einen Teil Lähmung, die derzeit in den Widerstandsbewegungen zu beobachten ist, ebenso die so auffallend fehlende Kreativität für neue politische Symbole des Widerstandes führe ich u.a. auf die Disproportionalität der technischen Basis von Aktion und Reaktion zurück.

Im Hinblick auf die technische Aufrüstung des staatlichen Gewaltmonopols ergibt sich für Widerständische daraus nicht nur die Forderung nach Aneignung technischer Kenntnisse - nicht zuletzt ein vergebliches Hase-und-Igel-Spiel -, eher noch einmal mehr die Verwirklichung von Gewaltverzicht, der Einspruch mit gewaltfreiem Widerstand. In einer historischen Situation, in der der Gegensatz von Herrschaft und Freiheit jegliche "Dialogförmigkeit" verliert, realisiert sich Widerstand in Protestformen, die ihrerseits subversiv die Dialogförmigkeit aufkündigen. Es geht also nicht nur um die Neudefinition von Herrschaft und Freiheit aufgrund neuer Technologien, ebenso um die Entdeckung von Widerstandsformen. Dafür aber ist es unabdingbar, zu empfinden und zu sehen, daß die Rationalität der Herrschaft sich verändert hat und dies die Vergesellschaftung im Medium von Spiel und Konsens noch schwieriger werden läßt.

Der Anspruch, daß das staatliche Gewaltmonopol der Selbsttransformation der Gesellschaft diene, ist demnach noch fragwürdiger geworden. Zur sichtbaren Gewalt durch Autorität und Waffe tritt unsichtbar die durch Information und Kommunikation.

In einer Gesellschaft, die sich Informationsgesellschaft nennen soll, ist es von einer immanenten Plausibilität, wenn Information auch zum Medium von Herrschaft wird. Wer modisch heute von Informationsgesellschaft spricht, übersieht dabei gerne, daß jede gesellschaftliche Formation immer auch schon eine Wissensgesellschaft gewesen ist, insofern nämlich, als jedes gesellschaftliche Handeln bewußt oder unbewußt durch Wissen strukturiert ist. Denn Wissen, Gefühl und Handlung gehen im Alltagsleben tendenziell eine Einheit ein, und je nachdem, wie das Wissen eines Menschen durch seine Erfahrungen im Hier und Jetzt geprägt wurden, entsteht das, was wir das Gewissen nennen. Gewissen, Moral und Sanktion stehen in einem engen Zusammenhang, und so ist es folgerichtig, daß das bürgerliche Menschenrecht eine Kategorie der Gewissensfreiheit eingeführt hat. Die bekannte Sentenz wiederum "Wissen ist Macht" hat schon für Gesellschaften vor der Informationsgesellschaft sichtbar gemacht, daß die Kumulation von Wissen auch dem Ziel dienen kann, anderen seine Zwecke aufzuherrschen. Der Menschheitstraum der Allwissenheit, der auch die Faszinationsgeschichte der Informationstechnik bestückt, bezeichnet daher wohl nicht zufällig ein Können und Privileg, das vor allem Göttern vorbehalten war.

Allwissenheit impliziert immer Grenzenlosigkeit bzw. das Vermögen, Grenzen zu überschreiten. Wer allwissend ist, durchbricht auch den Bann von Zeit und Raum und weiß, was es zu jeder Zeit und an jedem Ort zu wissen gibt. Eben diese große Geste wird durch die Verbindung von Laser-Übertragungssystemen - Medien mit einer schier unerschöpflichen Kommunikationskapazität - mit dem Computer - Maschinen von schier unausschöpflicher Wissensbasis - auf ganz menschlich säkulare Weise handlich. Telekommunikative Netze überwinden alle natürlichen Hindernisse, wie Berge, Meere und Flüsse, aber auch alle historisch-gesellschaftlichen, sogar die für die bürgerliche Gesellschaft so charakteristische Schranke zwischen privat und öffentlich, wenn sich Bürger und Bürgerinnen zu den neuen Medien bequemen.

Für diejenigen, die sich an die Netze anschließen, verheißt der bundesdeutsche Postminister zwar "neue Dimensionen der Freiheit, der Chancengleichheit und der Lebenserleichterung", aber bei genauerem Hinschauen zeigt sich, daß der alte Traum der Allwissenheit sich nicht für die vielen realisiert, die bewußt oder unbewußt zu Informationsträgern werden, sondern nur für die wenigen, die die Netze kontrollieren. Das sind Instanzen des Staates und der Wirtschaft.

Einmal eingebunden in das Netzwerk der Telekommunikation, reichen die Regelungen des Hausfriedensbruches nicht mehr hin, um das sogenannte Private, das der bürgerlichen Gesellschaft als Refugium der Freiheit als schützenswert galt, um die eigene Identität vor der Gefahr eines Datenschattens zu schützen. Hier beginnt das große Thema des Datenschutzes, das wohl immer unabgeschlossen bleiben wird, weil es unter den gegenwärtigen Bedingungen für den Bürger kaum mehr einsehbar ist, in wie vielen Dateien des Staates und der Wirtschaft Wissen über ihn gehortet wird. Dies Problem brachte die Diskussion über ein neues Grundrecht auf die Tagesordnung: das Recht auf informationelle Selbstbestimmung. Diese Formulierung leistet der Illusion Vorschub, als könne es im individuellen Vermögen des einzelnen liegen, an der informationellen Allwissenheit der staatlichen Bürokratie wenigstens zu partizipieren und die Herrschaft über die eigenen Daten anzutreten. Einmal unterstellt, daß der Zugang zur Überprüfung des eigenen Datenschattens sich künftig zwangloser gestalten könnte als heute - möglicherweise vom heimischen Terminal aus -, selbst dann bliebe Skepsis erhalten, weil das informationelle Selbstbestimmungsrecht mit allen Mitteln gegen die Gefahren von morgen angeht.

Das Recht auf informationelle Selbstbestimmung reiht sich ein in die überkommenen Abwehrrechte des einzelnen Individuums gegenüber dem Staat. Wahrung der Autonomie des einzelnen als Freiheitskonzept. Es fragt sich, ob dieses Autonomiekonzept in einer Gesellschaft ausreicht, die nicht nur Informationsgesellschaft, sondern - aufgrund der vernetzenden Telekommunikation - auch Kommunikationsgesellschaft genannt werden kann. Nicht nur deshalb, weil die Identität des einzelnen vor dem informationellen Lauschangriff kaum geschützt werden kann, sondern auch deshalb, weil mit der grenzüberschreitenden Vernetzung die Vorstellung einer bürgerlichen Identität und Individualität, die vor Einblick Schutz verdient, überhaupt fragwürdig wird. Wenn wir nach Schweden schauen, wo jede Person auf einem Amt nachschauen kann, was der Nachbar verdient, d.h. wo die Höhe des Einkommens eine öffentliche Angelegenheit ist, dann zeigt sich, daß das Empfinden für schützenswerte Privatheit durchaus unterschiedlich ist und damit auch als wandelbar gesehen werden kann. Denn hierzulande werden Mitarbeiter in den Betrieben nicht selten darauf verpflichtet, gegenüber ihren Kollegen über die Höhe des Einkommens Stillschweigen zu bewahren. Entsprechende Ängste vor dem Blick des Nachbarn über den Gartenzaun hindern im weiteren Sinne das Bewußtsein vor der Einsicht, daß weniger die eigene Intimität als vielmehr das kollektive Handeln gefährdet ist, wenn die Vernetzung verschiedener Dateien völlig unerwartbare staatlich-bürokratische Reaktionen befördert. Der Einspruch des einzelnen Bürgers gegen eine unrechtmäßige Verdatung seiner Person führt schwerlich zu einer veränderten Informationspolitik, da diese Einsicht isoliert bleibt. Insofern schützt das Recht auf informationelle Selbstbestimmung mehr die Bestimmungen der staatlichen Bürokratie als das Selbst des Bürgers. Deshalb brauchen wir keinen Datenschutz, sondern die Öffentlichkeit aller Daten!

Die zunehmende soziale und politische Bedeutung von Information verlangt - von Ausnahmen einmal abgesehen - nach einem "freedom of information act", einem Grundrecht auf Freiheit der Information. Die lakonischen Mitteilungen staatlicher Bürokratien über ihre Dateien in für den Bürger unbekannten Mitteilungsblättchen - die Wirtschaft darf sich ohnehin weiter ausschweigen - schaffen keine Öffentlichkeit. Die Öffentlichkeit aller Daten meint den Zugang zu allen Daten nicht nur für Hacker, sondern für die gemeinschaftliche Nutzung in der Gesellschaft. Bei einer solchen Regelung würden geheime Dateien zu überschaubaren Sondertatbeständen, und das Abwehrrecht des einzelnen verwandelte sich in ein politisierbares Nutzrecht der Gemeinschaft.

Die staatliche Interpretation der Informations- und Kommunikationstechnologien als Kontroll- und Herrschaftstechnologie läßt den Kern der Freiheit zur mehr oder minder freiwilligen Zustimmung verkommen. Die den Militärtechnologien so eindeutig ansehbare männliche Drohgebärde gegenüber dem Leben bleibt erkennbar als Angriff auf das Lebendige. Denn Räume und Zeiten, Spielräume werden beschnitten. Staatliche Instanzen verkörpern die Spinne im Netz und behindern das Netzwerk zwischenmenschlicher Kommunikation. Solche Interpretation der Informations- und Kommunikationstechnik ist freilich nicht zwangsläufig. Technische Kommunikationsnetze bieten sich von ihrer technischen Logik sowohl als Kontrollsystem an als auch als Beziehungstechnik, die die Kommunikationsbedürfnisse vieler stützt. Netze mit (kontrollierenden) Zentren auszustatten, ist eine politische, nicht eine technische Entscheidung.

3. Konformität und Spiel

Das Ansinnen, den Menschen als spielendes Wesen zu denken, im freiheitlich würdevollen Spiel mit Menschen und Dingen, hat sich im bisherigen Gedankengang hart in die Schranken weisen lassen müssen. Dennoch aber gehört das Spiel des Menschen zu den anthropologischen Konstanten des menschlichen Lebens und damit auch zu den Grundbedürfnissen des Menschen. Selbst Tiere spielen und entlassen sich damit für einen Augenblick aus dem Zwang der Notwendigkeit. Kinder wiederum erlernen spielend den Ernstfall des Lebens. Noch nicht eingebunden in die Zwänge der alltäglichen Wiederholung, entlassen sie im Spiel die Dinge ihren Funktionen und Bedeutungen und erproben das Wirkliche und Mögliche gleichermaßen. Während das Kind sich spielend die Welt aneignet, ist das Spiel des Erwachsenen oft eine Befreiung von der Welt. Zeiten und Räume verlieren die zwanghafte Fixierung, durch die der Alltag vielfach mehr Last als Lust produziert. Weil das erwachsene Leben alles andere als ein Kinderspiel ist, wollen manche das Spiel als einen Rückzug aus dem täglichen Leben definieren. Dem möchte ich nicht folgen, sondern statt dessen auf das Spiel <u>im</u> Leben schauen. Das ist der freiheitliche Umgang mit den Dingen und den Menschen, wobei jedem Ding und jedem Wesen "sein Recht" gelassen wird. Im Spiel wohl am meisten stellt die Natur sich als frei entfaltete Individualität dar, nämlich als die eines lustvoll tätigen Naturwesens, das nicht Objekte, sondern Mitspieler sucht. Daß die Menschen immer zu wählen hatten zwischen ihrer Unterwerfung unter die Natur oder der Unterwerfung der Natur unter sich selbst, schrieben resigniert Adorno und Horkheimer. Mir scheint, im Spiel hebt diese Alternative sich freiheitlich auf.

Daß das Spiel als bloße Spielerei so schnell vom Tisch gefegt wird, liegt an der Einlösung des menschlichen Bedürfnisses nach Tätigsein. Die vita activa - um den von Hannah Arendt belebten Begriff aufzugreifen - biegt sich unter dem Joch der Arbeit, dem Zentrum des Handelns in der modernen bürgerlichen Gesellschaft überhaupt. Nichts reguliert in der Tat so sehr das Leben des Menschen wie die Zeit der Arbeit, wie der Ort der Arbeit. Ohne den Blick auf andere Kulturen, auf andere Zeiten könnten wir leicht versucht sein, aus der Perspektive unserer Arbeitsgesellschaft heraus ein anthropologisches Grundbedürfnis auf Arbeit zu unterstellen. Daß Arbeit Mühsal und Plage ist, wußte der mittelalterliche Mensch, auch für das Proletariat der bürgerlich-kapitalistischen Gesellschaft blieb sie ähnliches: Ausbeutung und Elend. Dennoch avancierte der Begriff Arbeit in eben derselben Gesellschaft janusgesichtig zum Schlüsselbegriff. Daß der Mensch in der Arbeit - insbesondere des Begriffes - seiner Identität gewiß werde, beflügelte Hegels Denken, aber seit Marx dürfen wir nicht mehr vergessen, daß der kapitalistische Rahmen die meisten der Selbstfindung beraubt. Entfremdung ist hier das bekannte Stichwort. Dennoch - seit der Entstehung der bürgerlich-kapitalistischen Gesellschaft ist das Menschenrecht auf Arbeit bei allen bürgerlichen und sozialistischen Revolutionen immer wieder thematisiert worden. In den Arbeitskämpfen zentrierte sich die Auseinandersetzung um ein anderes Grundrecht: das Recht auf Gleichheit.

Daß Technik, genauer die Produktionsmaschinerie der ersten Industrialisierungsphase bei der Huldigung an die gesellschaft-prägende Tätigkeit "Arbeit" janusgesichtig einen bedeutenden Part spielte, dürfte hinreichend bekannt sein. Der Assoziationsrahmen der Taylorisierung der Arbeit drängt sich hier flugs auf, ebenso aber auch das Wissen (und schlechte Gewissen!), daß wir heute das Privileg genießen, in einer der reichsten Gesellschaften dieser Welt zu leben. Technik hat uns reich gemacht. Einzelne sehr reich, viele reicher als ihre Vorfahren der Agrargesellschaft. Einige beherrschen Maschinenparks, Menschen und Geldströme, die vielen andren bedienen immer seltener Menschen, dafür aber immer häufiger Maschinen. Nicht zufällig hat die Grundidee der Gleichheit daher die Arbeitskämpfe der vergangenen hundert Jahre strukturiert. Ausgelassen aus dem Anspruch auf Gleichheit waren lange die Frauen, deren Benachteiligung im Erwerbsleben jedoch gerade im Umfeld der Technik besonders sichtbar wird. Technik ist Männersache, das weiß man. Männer huldigen ihrer Männlichkeit durch gut bezahlte und qualifizierte technische Berufe, Frauen bedienen - z.B. am Fließband - die Technik, die Männer beherrschen.

Technik, das ist nicht zu übersehen, hat demnach ihre Rolle zur Verfestigung herrschender Trends der Ungleichheit gut gespielt, oder anders formuliert: Menschen haben sie für diese Zwecke interpretiert, als sie diese in den Zentren staatlicher und wirtschaftlicher Macht zum Einsatz brachten. Angesichts der gegenwärtigen Rationalisierung, die nicht nur die Zentren, sondern den gesamten Körper der Gesellschaft erfaßt, frage ich mich, ob wir nun mit altem Wein in neuen Schläuchen zu rechnen haben, oder ob die Hoffnung auf andere und größere Freiheits- und Spielräume für den sich gesellenden Menschen berechtigt ist. Könnte es möglich sein, daß die neue Technik, die das Versprechen auf Kommunikation in ihrem Namen trägt, die überkommenen Schädigungen und Gegensätze der frühen Industriegesellschaft ausgleicht und beschwichtigt? Wenn das telekommunikative Geäder Zentren der Macht und Randständige der Gesellschaft gleichermaßen einbindet?

Daß eine solche Fragestellung nicht aus der Luft gegriffen ist, belegen Positionen von Sozialwissenschaftlern der späten sechziger Jahre, mit denen sie sich theoretisch einen Reim auf die telekommunikative Rationalisierung machten. Ganz im Gegensatz zu den Befürchtungen, die heute vorrangig in der Diskussion sind - die Angst vor Erfahrungsverlust, Anonymisierung und Einsamkeit - entwickelte z.B. Etzioni die Option einer "aktiven Gesellschaft", in der alle Mitglieder der Gesellschaft aktiv und wissend (auch) mit Hilfe der neuen Technologien miteinander kommunizieren. Der bekannteste Theoretiker der sogenannten postindustriellen Gesellschaft, Daniel Bell, hatte die Vision einer "kommunalen Gesellschaft", in der Kommunikation gar als ein "Spiel zwischen Personen" beschrieben wird. Qua Telekommunikation rückt Entferntes näher: Stadt-Land, Mann-Frau, Erwerbstätige-Arbeitslose, Gebildete-Ungebildete, Behinderte-Gesunde. Die Gegensatzpaare sind fortsetzbar.

Dem Ansinnen verpflichtet, den Menschen als spielendes Wesen zu denken, möchte ich solche Vorstellung einer vita activa etwas auf ihren Realitätsgehalt hin abklopfen. Selbst nüchterner Betrachtung hält stand, daß die zunehmende Akzentuierung des sogenannten Dienstleistungssektors den Aufwand an Kommunikation sowohl differenziert als auch vergrößert. Mit mehr Dienstleistung beginnt jedoch schwerlich der Eintritt ins freie Spiel zwischen Personen. Zwar muß im Dienst an der Organisation gesellschaftlicher Prozesse der Buckel nicht mehr so krumm gemacht werden wie früher im Dienst gegenüber Personen, aber auch der telekommunikativ gestützte Dienst am organisatorischen Gefüge ist von Pressionen nicht frei - schließlich handelt es sich um bezahlte, und damit um abhängige Arbeit.

Daß eben durch diese Arbeit, die ohne Bildschirm und Telekommunikation kaum mehr denkbar ist, das Profil gesellschaftlicher Arbeit, ihrer Benefits und Sanktionen, grundsätzlich verändert wird - dafür spricht wiederum manches. Nicht nur, daß Erwerbsarbeit im Sog der Rationalisierung wieder einmal knapper wird - das Grundrecht auf Arbeit wurde in den vergangenen Jahren entsprechend inflationär zitiert -, nein, schlimmer noch, wieder einmal trifft diese Knappheit nicht alle gleich: Frauen vor allem und Männer mit niedrigem Bildungsniveau. Rationalisierungsnischen im Erwerbssektor, in denen billiger Frauenarbeit zufolge lange nichts geschah, und der Haupterwerbsbereich - Büro und Verwaltung - wo etwa 65 Prozent aller erwerbstätigen Frauen arbeiten, stehen zur Rationalisierung an. Wie andernorts ausführlicher beschrieben, droht uns zur Jahrhundertwende nicht nur das papierlose, sondern auch das frauenlose Büro. Manche Frau sitzt dann wohl daheim am Heimterminal und tippt Texte für die im fernen Betrieb arbeitenden, qualifizierten Männer ein. Was hier mit spitzer Feder in scharfen Strichen gezeichnet wird, ist der Tatsache geschuldet, daß solche Rationalisierung schwerlich zu einer Versöhnung der Geschlechter, mehr jedoch zu einer Verschärfung tradierter Gegensätze führt. Überhaupt: Künftig mag es drei Klassen von Bürgern geben: diejenigen, die Arbeit und Brot haben, diejenigen, die danach suchen, und schließlich diejenigen, die privilegiert genug sind, nicht immer arbeiten zu müssen und sich der Gestaltung eines lebendigen Lebens widmen können. So sieht es also aus: Einmal mehr wird eine neue Technologie im Sinne alter Herrschaftsstrukturen interpretiert, und wie es scheint, ist das innere Handlungsgesetz der neuen Technik biegbar. Alte Grundrechte pochen daher auf neue Blüte: das Recht auf Arbeit, das Recht auf Gleichheit.

Auch wenn der Run auf die knapper werdende Erwerbsarbeit diesem Schlüsselerlebnis bürgerlichen Tätigseins noch einmal neues Gewicht und Nachdruck verleiht, wird die Vermutung tragfähig, daß die Arbeitserfahrung ihre identitätsstiftende Rolle verliert. Nicht nur, weil Arbeitszeiten sich verkürzen werden und die von Erwerbsarbeit freie Zeit - ob das Freizeit ist, möchte ich hier offen lassen - mehr wird, mehr noch deshalb, weil die Qualität der vita activa durch den Einsatz der neuen Informations- und Kommunikationstechnologien einem grundsätzlichen Wandel unterliegt.

Vor hundert Jahren hatte die sich verändernde Industriegesellschaft noch viel von der Arbeitsauffassung der Zünfte in die neu entstehenden Berufe einfließen lassen. Berufsfelder waren auch Handlungsfelder mit einer jeweils spezifischen sozialen Moral. Daß Beruf und Berufung so gerne zusammen genannt werden, gehört ebenfalls in diesen Kontext. Sich im Produkt seiner Arbeit seiner selbst gewiß zu werden, blieb Movens für die Aneignung von Qualifikationen, auch wenn familiäre Traditionen bei der Weitergabe von Werkzeug und Beruf brüchig wurden.

Die erste Technisierungsphase der Industriegesellschaft hatte den zwanglosen Kontext von Arbeit, Identität und Arbeitsergebnis durch Entfremdungserfahrungen dissoziiert, die telekommunikative Rationalisierung nun scheint die Zerreißung auf die Spitze zu treiben. Dafür, wie sehr lebendige,d.h. identitätsstiftende Arbeit durch Computer und Telekommunikation zerstört wird, dafür mag als Indiz zunächst eine Botschaft aus den Vereinigten Staaten einstehen, derzufolge Menschen neuerdings dadurch auf sich halten und angesehen sind, wenn sie <u>nicht</u> mit dem Computer arbeiten müssen. Nicht zufällig. Denn Computer- und Bildschirmarbeiten bedeuten einen Abstraktionsprozeß von lebendiger Arbeit, denn die Wirklichkeit, die in Symbolen bearbeitet wird, kann währenddessen vergessen werden. Bezeichnenderweise entstehen um den Computer herum keine neuen Berufsfelder, die auf ein bestimmtes menschliches Persönlichkeitsprofil angewiesen sind, sondern austauschbare Tätigkeitsfelder. Wenn überhaupt Identifikationen entstehen, dann in den meisten Fällen mit der Technologie selbst, die zum Partner der inneren Dialoge wird. Trotz aller Dialogförmigkeit ist solche Arbeit jedoch nur selten aufs

Handeln ausgerichtet, eher kennzeichnet sie eine Versunkenheit, die auch schon für Fließbandarbeit bisweilen moniert wurde. Ganz anders als es Hegel noch imaginierte, zielt Arbeit nicht darauf ab, sich seiner im Produkt seiner Tätigkeit gewiß zu werden, entscheidend werden die Empfindungen in der Auseinandersetzung mit der kommunizierenden Maschine. Damit aber ist solche Arbeit nicht mehr der Überschrift vita activa zu unterstellen, richtiger wäre die Rubrik einer vita contemplativa, die freilich ihrer reflektorischen Potenzen beraubt wäre. Vita activa sucht neue Orte der Selbstverwirklichung.

Doch welchen gesellschaftlichen Ort wir auch aufsuchen mögen, nirgends können wir der kontemplativ-narzißtischen Selbststimulierung entgehen. Es geht nicht nur darum, neu zu sehen, es geht gerade auch darum, neu zu fühlen, neu zu empfinden. Diesen Zug einer Touch-and-Feel-Kultur erleben wir gegenwärtig nicht nur bewußt durch die Sucht nach immer besseren Therapien, ebenso unbewußt durch die Annahme der Tele- und Computerkultur, auch in den geheiligten Räumen des Privaten.

Zu selbstbezogenen Spielen mit sich stimulieren auch die Angebote am heimischen Terminal: Da gibt es einen Warenkorb an Alltagswissen, der telekommunikativ überreicht wird, da gibt es die Fernschule für die Lernbegierigen, Telespiele für Groß und Klein. Informationsvielfalt sei Demokratie, meint der Postminister, doch unübersehbar bleibt, daß nur große Anbieter heute für den künftigen Markt entwickeln, daß Informationen kaufende Bürger noch heftig umworben werden müssen. Dennoch aber sind Weichenstellungen für die Zukunft unübersehbar. Sehen wir die Jugendlichen am Computer rechnen oder den Krieg der Sterne spielen, beobachten wir sie beim Konsum von Videoclips oder entrückt mit dem Walkman auf dem Fahrrad, dann führen sie uns vor, was auch schon nüchterne Statistiken ausweisen: Die Jugend hat die neuen Technologien angenommen wie früher die Alten das Auto. Sie werden mit der Technik ihre Zukunft machen oder auch zerstören.

Bringen die neuen Technologien auch Spiele ins Haus, fraglich bleibt, ob mit ihnen das Grundbedürfnis des Menschen zu spielen eingelöst wird. Spiele haben zwar Regeln, aber sie lassen auch Zufälle zu. Blitzeinfälle oder Kreativität des einzelnen. Eben dies jedoch wird sich für unseren Alltagstrott verringern, wenn trotz der Vielfalt des Angebots die Stimulierung von Gefühl, Wissen und Gewissen immer wieder in dieselbe Richtung zielt. "Die Gedanken sind frei", wurde früher in Befreiungskriegen gesungen. Daß auch die Gefühle frei sein müssen, daran mußte seinerzeit noch nicht gedacht werden. Sie unterlagen nicht der Kontrolle der Mächtigen. Heute aber verlieren Gefühle ihre Authentizität durch das sich Einschmiegen in vorgefertigte Bilder. Konformität statt Spiel.

Die Wandlungsfähigkeit des Freiheitsbegriffs erklärt sich aus der

Schwierigkeit, daß Freiheit und Freiheiten immer von den bedrohten Orten her definiert werden muß. Das gilt auch für ihre Auslegung im Rahmen der Menschenrechte. Was sich an dieser Stelle zeigt: Die Gefahren zeigen aufs Private, aufs Intime, aufs Verborgene. Damit auf jene Bereiche menschlicher Erfahrung, die als Refugien persönlicher Freizügigkeit zumindest von der Absicht her als rechtsfreie Räume gelten sollten. Unter der Überschrift Spiel entdecken wir Gefährdungen des einzelnen Menschen für seine seelische Integrität. Dimensionen des Fühlens, der identifikatorischen Einbindung und die Autonomie der eigenen Empfindungen gehen ihrer Authentizität verlustig. Es entstehen Gefährdungen, die in den überkommenen Kanons der Menschenrechte nicht reflektiert werden. Dort galt es, den Körper und die Überzeugung von gewaltförmigen Eingriffen freizuhalten, nun wartet die menschliche Seele auf politische Schutzformeln für ihre spielerische Existenz.

Wir sind es nicht gewohnt, seelische Dimensionen in Kategorien der Politik, ja, auch der öffentlichen Gewalt zu reflektieren. Die gegenwärtige Situation zwingt uns, eben dies zu tun, wenn wir uns die Würde menschlichen Empfindens und Sehens erhalten wollen. Wo die Seele des Menschen zum Politikum wird, ist aus der Perspektive der Menschenrechte das habeas mentum, das Recht auf seelische Unversehrtheit, die zeitangemessene Antwort.

4. Option

Der Angriff aufs Lebendige ist somit allgegenwärtig, und es beunruhigt daß selbst die intimsten Orte der Freiheit davon nicht ausgespart sind. Die Gefahren scheinen um so unausweichlicher, als die unbewußten Antriebe solch technischem Werk der Zerstörung eine eigentümlich kohärente Form geben. Widerstand und Gegenwehr werden, so vermute ich, solange nur Schnörkel zur sich durchsetzenden Gewalt bleiben, wie unbewußte Wünsche nicht decouvriert und bekämpft werden.

Ich möchte deshalb noch einmal zurückkommen zur Besetzung der technischen Zivilisation mit den Wünschen der beiden Geschlechter und den Argumentationsfaden Brian Easleas für einen Moment weiterspinnen: Die Maschine der Industriegesellschaft war die Kraftmaschine, ein Gerät, das mittels Energie und Mechanik mehr bewirkt als es die Muskelkraft des männlichen Menschen vermöchte. Dennoch aber wird die Maschine in der gesamten westlichen Kultur ähnlich der Natur, Gesellschaft und Materie weiblich phantasiert. Die Maschine simuliert demnach nicht die Kraft des Mannes, sondern provoziert Bezwingungsenergien. Die große Maschine verlangt den großen Mann. Entsprechend strukturiert sich im patriarchalen Maschinenpark die Hierarchie der Technologien. Hier zeigt sich in vielen Beispielen, was wir auch aus dem Privaten kennen: je mehr PS, um so mehr bestätigt das Auto das Programm der Männlichkeit. Was Wunder, daß gegen so stimulierte technische Kreativität die Intelligenz von Frauen kein Einspruch ist!

Die Maschine unserer Zeit ist nicht die Kraftmaschine, sondern die Beziehungsmaschine, eine Maschine, die Dinge und Menschen in Beziehung bringt. Ist diese Technologie der sozialen Natur von Frauen näher? Schließlich wurden Frauen zu den Anwältinnen von Beziehung gemacht. Oder handelt es sich wiederum um eine patriarchale Aneignung weiblicher Qualitäten? Die eben beschriebenen Tendenzen der Beziehungstechnik als Kontrolltechnik deuten eben darauf hin. Aber es gibt auch anderes. Die Kraftmaschine bot männlich-weiblichen Interpretationen wenig Raum. Beobachten wir Kinder am Computer, Jungen und Mädchen, dann zeigt sich, daß beide unterschiedliche Dialogformen mit der Technologie entwickeln und dabei auch unterschiedliche Ergebnisse zutage fördern. Vereinfacht: Jungen kämpfen mit der Technik, Mädchen spielen. Wenn wir annehmen können, daß die Zerstörung des Humanums zuallererst auf die Zerreißung des Geschlechterverhältnisses zurückzuführen ist, dann macht die Nutzung solcher Spielräume in der Tat Hoffnung. Sie läßt hoffen, daß Menschen, Frauen und Männer, in dieser Etappe der Zivilisation andere Gesetze des Handelns entdecken und durchsetzen werden. Spielräume. Wir müssen sie sehen und wollen.

Literatur

(1) Giedion, Siegfried: Die Herrschaft der Mechanisierung. Ein Beitrag zur anonymen Geschichte. Frankfurt/Main, 1982

(2) Easlea, Brian: Väter der Vernichtung. Wissenschaft, Männlichkeit und das atomare Wettrüsten. Reinbek, 1986

Wolf-Dieter Narr

Technik und Menschenrechte - Eine Skizze

Ein schicksalsgleicher Prozeß. Kritik und Kontroversen, die Gegenhandlungen und Verweigerungen wirken wie ein sozialer Begleitstaub einer unausweichlichen Installierung. Wir befinden uns mittendrin. Da alles, was erfunden wird, nach Anwendung drängt, recht und schlecht, da erfunden wird, um anzuwenden, bleibt - so hat es den Anschein - nichts anderes übrig, als sich einzustellen, sich umzustellen, die Techniken bestenfalls zu vermitteln und ihren Aufprall sozial zu besänftigen. Dem entspricht, daß allenfalls von Technologiefolgeforschung und Folgehandeln die Rede ist, meist mehr um des publizistisch einschläfernden Effekts willen, als um in die technische Verwirklichung einzugreifen. Jedoch das, worauf es ankäme, bleibt leer. Eine gesellschaftliche Reflexion und ein entsprechend angeleiteter politischer Prozeß, der über wann, wie und warum, wie und warum nicht der Wissenschafts- und Technikentwicklung und des Technikeinsatzes kriterienklar und kontrolliert entscheiden ließe.

Und doch ist der kaninchenhafte Blick auf die schlängelnde Entwicklung der Technik falsch und dem Kaninchen gleich tödlichen Ausgangs. Blickt man solcherart entsetzt und fixiert, ist nicht zu begreifen, was die Dynamik technischer Entwicklung und Anwendung ausmacht. Schicksal ereignet sich nun in der Tat. Die technischen Abläufe geschehen jedoch nicht ohne Widersprüche. Auch sie werden "schmutzig". Aus technisch internen und sozial "externen" Gründen. Und zwischen den verschiedenen Formen technischer Entwicklung und Verwendung besteht trotz aller in den Techniken selbst enthaltener eigenartiger, wenn auch überaus abstrakter Gesellschaftlichkeit eine erhebliche Differenz.

Die heute nach wie vor, ja, mehr denn je von der technischen Entwicklung und ihren Möglichkeiten ausstrahlende Faszination ist gewiß überaus fragwürdig. Statt auf gesellschaftliche Entwicklungen zu setzen, auf soziale Organisation, auf human ausgerichtete Lösung von Problemen, entäußert sich die Gesellschaft gleichsam ihrer selbst. Auf die Technik und ihre Leistungen wird primär gesetzt. Als ob solche Lösungen, wie sie im Extrem in der SDI-Initiative der USA zum Ausdruck kommen, die Welt technisch zu versichern, funktionierten und nicht größere Kosten erzeugten, als sie an Nutzen mit sich führen. Als ob der Turmbau technischer Lösungen, bei dem immer das nächste Stockwerk einer aktuellen Supertechnik ausgebaut wird, um u.a. die krisenhaften Mängel der älteren Techniken überbauend aufzuheben, nicht in sich zusammenstürzen müßte, weil das soziale Fundament nicht trägt. Als ob gesellschaftliche Probleme durch die "Flucht" in die Technik sich delegatorisch lösen ließen, Verantwortung zum Unbegriff machend und Politik i.S. durchsichtiger und öffentlicher Willensbildungsprozesse zerstörend.

Die negative Fixierung auf die Technik in der Büchse der Pandora, aus der alle Übel unaufhaltsam hervordrängen, bringt gleicherweise nicht weiter. Diese Haltung erliegt einer Faszination mit umgekehrten Vorzeichen. Sie bewertet die technische Entwicklung ihrerseits immanent hoch und verdrängt gleichfalls alle sozialen Relativierungen. Worauf es statt dessen ankommt, das ist eine Sozialisierung der Technik statt einer Technisierung der Gesellschaft. Hierfür bedarf es entsprechender Entwürfe, die von sozialen Situationen, von humanen Zielen ausgehen, nicht aber von angeblichen Technikzwängen, denen die sozialen Situationen anzupassen sind. Insgesamt steht das auf der Tagesordnung, was man die Politisierung der Technik nennen könnte: Immer erneut zu entdecken, daß Technik als solche nicht neutral ist, sondern eigenartige soziale Entscheidungen in sich birgt; zugleich solche Institutionen zu schaffen, die die Technik zurück ins Soziale verlegen.

Eine Politisierung aber ist erforderlich, weil es nicht angeht, Technik einschließlich der sogenannten Neuen Technologien in Bausch und Bogen abzuservieren. Instrumente zu suchen, Techniken zu entwickeln und zu verwenden, bis hin zu den modernen Stufen der Maschinisierung und Automatisierung, ist dem Menschen eigentümlich und für seine Zivilisierung unabdingbar. Außerdem zeigt sich, daß nach konfliktreichem Beginn - das läßt sich an der Geschichte des 19. Jahrhunderts präzise nachvollziehen - eine Gewöhnung an die jeweils neuen Techniken einsetzt, ja, mehr als das. Techniken wie die Eisenbahn verändern nicht allein Wahrnehmung und Verhalten, sie lassen neue Verhaltensweisen zu, die Entdeckung von anderen gesellschaftlichen Möglichkeiten, ja, sie werden in souveränem Gebrauch schließlich angeeignet.

I. Die Neuen Technologien, hier insbesondere Informations- und Kommunikationstechnologie (Telematik)

1. Menschen sind u.a. - das zeichnet sie als Spezies aus - technik- und institutionenschaffende Wesen. In diesem Sinne besteht von der Steinzeit bis zur automatisierten Fabrik der Gegenwart eine Kontinuität. Darauf ist achtzugeben, weil sich dort die Gefahr vermeiden läßt, in humaner Absicht die humanisierenden Möglichkeiten von Technik zu verleugnen. Solch historisch weit zurückgreifende, ja, anthropologisch ansetzende Erinnerung konturiert die eigenartigen Qualitäten, die die moderne Technik seit dem 18./19. Jahrhundert, die die Neuen Technologien seit der Atombombe 1945 sowie die Gen-Technologien auszeichnen.

2. Die historische Kontinuität der Neuen Technologien verdichtet sich, wenn man sie im Kontext der Rationalitätsentwicklung betrachtet, die die Moderne seit dem 15. und 16. Jahrhundert in Europa auszeichnet. Diese neuere Wissenschafts- und Technikentwicklung - beide sind trotz historisch zunächst getrennter Entwicklung zusammenzusehen - setzt prinzipiell säkular anti-, in jeden Fall a-religiös an und erfüllt den in der Genesis alttestamentarisch formulierten Auftrag: Macht euch die Erde untertan. Das unbefragt und allgemein zum Herrn erhobene Subjekt geht danach aus, alles, was der Fall ist, kognitiv und handelnd zu beherrschen. Ja, mehr noch. Die jeweils als bloße Gegenstände der Verfügung angesehenen natürlichen und sozialen "Dinge" sollen analytisch und praktisch so in ihrer Mechanik identifiziert werden, daß sie umgeschaffen, neu konstruiert und entwickelt werden können. Die Maschine wird zur Grammatik des Fortschritts. Die Vorstellung des Automaten treibt an. Der Homunculus dämmert als Tagtraum. L'homme machine, société machine.

Fortschritt geschieht kognitiv und praktisch als das "Sich-verfügbarmachen" und als Ausbeutung zugleich. Das jeweils andere, das "Objekt", zählt in seiner Eigenart nicht. Es wird dem herrschaftlich ausgreifenden Subjekt unterworfen. Kolonialisierung findet nicht allein in der Entdeckung neuer Länder, in der Eroberung anderer Völker, ihrer Ausrottung, kulturellen Enteignung und Unterordnung statt.

Der Fortschritt ist ausgreifend. An den neuen Möglichkeiten des Transports und des Verkehrs, die materielle Produktion rundum verändernd, Kapitalismus erst eigentlich expandieren lassend, läßt er sich eisenbahngeschwind am deutlichsten greifen. Und niemand kann hinter ihn und das, was er eröffnet hat, zurück. Jenseits individueller Strebungen sind wir alle heute in unseren Wünschen, Bedürfnissen und Wahrnehmungen längst technisch vermittelt. Ja, selbst noch unsere Phantasien und Alpträume tragen technische Stempel.

Dennoch: Wir können vor dieses Natur und Gesellschaft objektivierende Maschinenzeitalter nicht zurück, weil die bewohnte Erde sich quantitativ und qualitativ so verändert hat, daß jedes Zurück nur um den Preis der massenhaften Vernichtung möglich wäre. Die Zahl der Menschen, die sich gegenwärtig über die fünf Erdteile verteilt, bewegt sich auf die fünf Milliardengrenze zu. Sie lassen sich nicht mehr versorgen und organisieren, ohne weit differenziertere Arbeitsteiligkeit einerseits und raumübergreifende, zeitverkürzende Verkehrssysteme andererseits.

3. Obwohl die Konzepte, die Methoden, schon zuvor entworfen und entwickelt worden sind, bei Bacon und Descartes, bei Hobbes und Lammetrie, bei Galilei, Kopernikus und Newton, ereignete sich der technische Schub, der die Moderne von allen Gesellschaften vorher im qualitativen Sprung unterscheidet, erst um die Wende vom 18. zum 19. Jahrhundert, Stichwort Dampfmaschine und ineins mit ihr bald Länder und Erdteile überziehend die Eisenbahn.

Die Maschinisierung des Verkehrs, überhaupt die große Maschinerie, die Marx charakterisierte, sorgte für eine säkulare Umpolung der Definitionsmacht, verkürzt geredet, von der Hand zur Technik. Enteignungen finden statt in Richtung dieser Umpolung. Der schienengetragene, landdurchschneidende maschinisierte Verkehr, die Eisenbahn, enteignen diejenigen ihrer Entscheidungsmöglichkeiten darüber, was sie tun und sehen können, solange sie unterwegs sind. Nicht allein die Wahrnehmung ändert sich, eisenbahnbestimmt. Die Menschen selbst werden, wie Schievelbusch, zeitgenössische Quellen zitierend nachzeichnet, wie Pakete befördert, zu abhängigen Größen. Gesellige Verkehrsformen werden ins eisenbahnbestimmte Zeit- und Raum-Koordinatennetz eingespannt.

Solche Enteignung, von der ersten Generation eisenbahnerlebender Zeitgenossen oft als Schrecken kostenreich erlebt, besitzt eine zweite, eine emanzipative Seite. Enteignung und Emanzipation gehören also doppelseitig und nicht trennbar zusammen. Die Verhocktheit in kleinen Räumen wird überwindbar. Großräumigkeit wird möglich, auch für den einzelnen. Weggehen, genauer wegfahren kann im Prinzip massenhaft geschehen. Enge, die nicht nur hegen und pflegen, die zwängen und unterdrücken mag, kann durchbrochen werden. Eine zuggeschwinde Humanisierung von Zeit und Raum vermag stattzufinden. Ferne erhält einen anderen Rang. Wirklichkeit verändert sich fahrend und also die Erfahrung.

4. Die Neuen Technologien in toto sind allein vor diesem Hintergrund des ersten Technikschubs, ja, unserer Einverleibung desselben, zu begreifen. Sie eröffnen als erneuerte doppelseitige Münze mit Enteignungs- und Emanzipationsseite geradezu phantastische Möglichkeiten. Von der sekundenschnellen Zerstörung von Millionen und Abermillionen von Menschen, wenn nicht der Menschheit als Spezies insgesamt, bis hin zur Ersetzung des Menschen, seiner re- und neukonstituierenden Schöpfung.

Diese extremen Möglichkeiten, die man nicht einfach wie ein Aschenbrödel - Gutes und Schlechtes sortierend und garantierend - zu trennen vermag, werden u.a. durch folgende spezifische Qualitäten dieser Technologien bedingt, die sie von der großen Maschinerie im Marxschen Sinne unterscheiden. Darum auch ist das oft mißbrauchte Beiwort "Neu" hier angezeigt. Dieselbe ist in den Neuen Technologien aufgehoben. Der "neuen" Qualität halber ist der Ausdruck "Technologie" anstelle von Technik zutreffend. So sehr die Techniken des 19. Jahrhunderts schon an sozialer Definitionsmacht gewannen und die gesellschaftliche Dynamik bestimmten, so sehr blieben sie doch, um die Eisenbahn als Metapher aufzunehmen, auf ihrer Spurweite stehen und entwickelten sich nicht mit unabsehbaren Effekten eigenständig fort. Das, was man unter den Neuen Technologien faßt, besitzt demgegenüber eine so erhebliche Eigendynamik, daß die Gesellschaften, die diese Technologien einmal übernommen haben, von ihnen geradezu verschlungen werden. Dadurch verringern sich die Möglichkeiten, die Effekte und die Folgen zu kalkulieren.

a. An dieser Stelle ist die kombinatorische Eigenart zu nennen. Informations-, Kommunikations- und Gen-Techniken zeichnen sich in je unterschiedlicher Weise dadurch aus, daß Mensch-Maschinen-Systeme nicht allein äußerlich gebildet werden können. Außerdem vermögen im Kontext der Informationstechnologie heterogene Daten miteinander kombiniert und neue Informationen aller Art kombinatorisch geschaffen werden. Im Umfeld der Gentechnik werden Erbeigenschaften unterschiedlicher Spezies, ja Gattungen, übertragbar, ja, erneut kombinierbar.

In der kombinatorischen Qualität ist das schöpferische Element dieser Technologien am besten zu fassen. Objekte und Zusammenhänge werden nicht allein rekonstruierbar, sie können neu konstruiert werden. Es kommt zu so etwas wie einer technisch steuerbaren, freilich in ihrer Entwicklungsdynamik nicht eindeutig kontrollierbaren Evolution.

b. Die kombinatorische Qualität und ihre kreative Kapazität werden dadurch erlangt, daß die Neuen Technologien den Prozeß des Identifizierens in großen Sprüngen vorangetrieben haben oder weiter vorantreiben werden. Das Vordringen in den atomaren und subatomaren Raum ist dafür ein Exempel. Die Erhöhung der Genauigkeit des Messens durch Zerlegung in immer kleinere Teile, indem man zugleich die Meßtechnik enorm verbessert, stellt die Voraussetzung der Neuen Technologien insgesamt dar. Die Zerlegung und die Identifikation kleinster Einheiten, deren unterschiedliche Kombinationen verschiedene Wirkungszusammenhänge rekontruieren und konstruieren läßt, machten erst die Physikalisierung der Information ebenso wie biogenetischer Verfahren möglich.

c. Die kombinatorische Qualität erstreckt sich auf die Technik selber. So wie Informations- und Kommunikationstechniken, einschließlich der Bildtechnik, miteinander verbunden werden und sich wechselseitig verstärken, so ist die gentechnische Entwicklung als solche schon ohne entsprechende informationstechnologischen Voraussetzungen nicht mehr denkbar. Darüber hinaus aber wird die weitere Entwicklung der Informationstechnologie, die Fortsetzung der Miniaturisierung des Chip durch den Bio-Chip wahrscheinlich. Derselbe ermöglicht dann auch so etwas, was man die Biologisierung der Informationstechnologie nennen könnte, als ihre geradezu universelle Verwendung.

d. Informations- und Gentechnologie,die beiden am meisten prominenten Vertreter der Neuen Technologien, zeichnen sich eigenartig dadurch aus, daß sie - wie eben schon berührt - in ihren Anwendungsbereichen nahezu universell sind. Informationstechnologie vermag weit über alle Erleichterungen von Datenübertragungen hinaus à la Telegraf usw. die geistige Arbeit zu industrialisieren, wie Wilhelm Steinmüller es genannt hat. Die Gentechnik aber expandiert in dreistufiger Weise, verkürzt geredet auf zellbiologischer, tierischer und menschlicher Ebene. Entsprechend lassen sich neue Stoffe, neue Kreaturen und andere Menschen schaffen, wenngleich klonierende Verfahren erst am Anfang der Entwicklung stehen. Zur Informations- und Gentechnologie gilt zusätzlich, daß sie sowohl organisch (für die Informationstechnologie zutreffend) wie anorganisch (für die Gentechnologie zutreffend) übertragen und verwandt werden können.

e. Aufgrund der nahezu universellen Einsatzmöglichkeiten, der Dynamik der Identifikation und der von kleinsten Bausteinen ausgehenden Kombination, vermögen die neuen Technologien im Zusammenspiel mit der sozialen "Maschine" (Max Weber) der Bürokratie als technische Synthesis an die Stelle gesellschaftlich organisierter Zusammenhänge zu treten. Das, was seither allenfalls für Teilbereiche gegolten hat, z.B. für die große Maschinerie in der Fabrik, für Fließbänder und Transportstraßen, das wird nun zum allgemeinen gesellschaftlichen Ereignis in a-gesellschaftlich-technischer Form. Soziale Zusammenhänge werden durch rückgekoppelte, selbstgesteuerte Maschinenkreise ersetzt. Deren Regelungsbedarf und deren "Probleme" treten ersatzweise an die Stelle sozialer Probleme. Letztere treten an den Rand und werden dort, wo sie stören, ihrerseits technologisch zu bewältigen versucht. Diese künstliche Sozialität, Zusammenhänge herzustellen also, das, was Politik im Weitesten bezeichnet, stellt in ansatzweiser Gegenwart und in zukünftiger Möglichkeit die Quintessenz der Neuen Technologien dar.

f. All diese Merkmale könnten die Neuen Technologien nicht gewinnen, wenn sie nicht zum einen - wie am ehesten kenntlich an der Informationstechnologie - durch eine geradezu "extremistische" Immaterialität, eine raum-zeitliche Schwerelosigkeit verfügten, und wenn sie nicht auf der anderen Seite dazu instand setzten, neue materielle Formen und Inhalte zu schaffen (s. hier besonders die Gentechnologie). Von erkenntlichem Anbeginn bis heute vorhandene und human notwendige Materialität i.S. einer Raum- und Zeitgebundenheit wird in einem solchen Maße beseitigt, daß die menschliche Schwere zur technischen Emanzipation quer liegt.

5. Die Dialektik der Aufklärung kommt - so ist zu vermuten - mit diesen, in ihrem Entwicklungsraum noch längst nicht zuende gegangenen Neuen Technologien zu ihrem Resultat. Emanzipation, als soziale begonnen, scheint purzelbäumig, ja, im Salto Mortale auf den Rücken gefallen zu sein.

Falsch wäre es jedoch und entspräche der eingangs kritisierten negativen Fixierung auf die Technologien als solche, wollte man die Doppelwertigkeit auch noch der Neuen Technologien verleugnen. Zu einem Teil vermögen sie fraglos als fortentwickelte Krücken menschlicher Emanzipation zu dienen. Man bedenke allein, welches Ausmaß an Kommunikation, an Mobilität des Verkehrs und Flexibilität individueller Entscheidungen sie ermöglichen. Darüber hinaus ist nüchtern festzustellen, daß die Massengesellschaften unserer Tage mit einem so entwickelten Bedürfnispegel wie in den westlichen kapitalistischen Ländern à la Bundesrepublik Deutschland ohne den Einsatz bürokratisch-technischer Maschinen und ihre Dienstleistungen in informationeller und organisatorischer Hinsicht schlechterdings nicht zu bestehen vermöchten. Wenn man aber von solchen Gesellschaften und ihren entsprechend aufgehäuften Problemen ausgeht, dann werden etwa informationstechnische Mittel notwendig, um zum einen differenziert Daten erheben, speichern und kombinieren zu können, etwa im Bereich von Gesundheit und Krankheit, und um zum anderen die Voraussetzung von Kontrolle zu schaffen. Informationstechnik kann gewiß die Transformation von Daten zur Information im qualifizierten Sinne, also zu spezifischen Aussagen über etwas, nicht übernehmen. Sie vermag soziale Kontrolle nicht zu ersetzen, die sich des technischen Instruments allenfalls bedienen kann. Solange aber - um den unschönen Begriff, der aber Wirklichkeit bezeichnet, zu gebrauchen - Massenprobleme anstehen, dürften informationstechnische Instrumente allemal erforderlich sein.

Die positive Valenz der Neuen Technologien - man könnte sie an der Gentechnik zeigen - wird freilich von der negativen stark niedergehalten. Die Ambivalenz also ist keine gleichgewichtige, sondern steht schief. Aufgrund ihrer identifikatorischen, kombinatorischen und Zeit und Raum überbrücken lassenden Eigenschaften, bilden die Neuen Technologien das Sprungbrett zu einer In- und Extensivierung der Beherrschung von Menschen ungeahnten Ausmaßes. Platon, der Theoretiker staatlicher Herrschaft vordemokratischer Art schlechthin, und Hobbes, der Theoretiker der modernen Staaten, sie würden erblassen vor Neid, würden sie die Herrschaftschancen, wie sie in den Neuen Technologien stecken und z.T. schon verwandt werden, zeitgenössisch betrachten können. Die informationstechnologische Herrschaft über den sogenannten Datenschatten, die des physisch-individuellen Körpers nur noch sekundär bedarf, und die durch die Neuen Technologien erst ermöglichte fortdauernde Hochrüstung sind Exempel solcher neuen und zum guten Teil durchaus ergriffener Herrschaftschancen. Herrschaft, weltmarkt- und weltmachtweit und stark, wird noch einen Schub abstrakter, ungreifbarer und undurchsichtiger.

6. In Kontinuität zu den Techniken der ersten industriellen Revolution sind folgende Merkmale festzuhalten:

a. Die Einheit von Wissenschaft und Technik, von Grundlagenforschung und Anwendung. Diese Einheit war in der "Idee" vom Anfang der Moderne an gegeben. Sie hat sich aber erst allmählich herausgebildet.

Noch im 18. und einem Gutteil des 19. Jahrhunderts bestand zwischen Wissenschaft und technischer Entwicklung eher ein loser Zusammenhang. Die Planung von Erfindungen und umgekehrt die Technisierung der Forschung sind im europäisch-angelsächsischen Kontext seit dem letzten Drittel des 19. Jahrhunderts in sich steigernder Verschlingung zu beobachten. Heute ist es längst soweit, daß sogenannte Grundlagenforschung nicht länger in technisch uninteressierter Unschuld spielen kann. Grundlagenforschung ist in zentralen Bereichen technisch durchdrungen und ihrerseits auf technische Übersetzung angelegt. Die Abstände zwischen Forschung und technischer Übersetzung haben sich denn auch in den letzten Jahrzehnten ungeheuer verringert. Umgekehrt werden neue Techniken nicht mehr oder minder zufällig gefunden. Sie werden bei aller Ungewißheit der Entwicklung im einzelnen systematisch wissenschaftlich geplant. Diese Planung hebt an mit der Konzentration der Finanzierung auf bestimmte Forschungsrichtungen. Sie ergibt sich aus dem militärisch-industriellen Komplex, in dem sich solche Forschung primär abspielt.

b. Die Methode, die die Wissenschaft von allem Moderne-Anfang an auszeichnete, ist im Prinzip geblieben. Alles wird zum Objekt. Die scientifisch-technische Beherrschung bildet das unfragliche Ziel. Ein abstraktes Subjekt, wissenschaftlich-technisch und letztlich ökonomisch-herrschaftlicher Art, ist dabei, die Wirklichkeit nach seinem wissenschaftlich-technischen Bilde zu richten, ja, mehr noch, sie neu zu schaffen. Zweite Natur. Hierher gehören längst nicht mehr handwerklich oder durch menschliche Kopfarbeit mögliche Vorgänge des Zerlegens, Messens, Zusammensetzens, Kombinierens.

c. Die wissenschaftliche und technische Einheit besteht nicht aus sich selber. Wissenschaftlich-technische Entwicklung ist zu der Produktivkraft der zweiten, oder je nach Einteilung auch der dritten industriellen Revolution geworden, sei es in kapitalistischen, sei es in sogenannt real-sozialistischen Ländern. Mit anderen Worten: wissenschaftlich-technische Entwicklung läßt sich, von allem grundlagenforscherischen Anfang an, nicht aus ihrem ökonomischen Funktionskontext isolieren und für sich betrachten. Das ökonomische Motiv treibt und formt und treibt.

Dieses ökonomische Motiv aber ist aufs engste und nicht abtrennbar mit dem herrschaftlichen verbunden. Industrielle Ökonomie heißt im Kern Herrschaft eines bestimmten ökonomischen Verfahrens, Festhalten an bestimmten Produktionsformen, unbeschadet der Eigentumsverhältnisse im einzelnen, bedeutet schließlich die Dauerehe mit dem staatlichen Gewaltmonopol. Diese Beziehung kann sehr unterschiedlich ausfallen.

Wissenschaft und Technik sind also nicht in äußerlicher Weise herrschaftlich-kapitalistisch eingebunden. Sie werden nicht fremd funktionalisiert. Wissenschaft und Technik sind in der Eigenart ihrer

Anlage auf eine bestimmte Form der Vergegenständlichung der Welt, der eigenartigen Rekonstruktion und Neukonstruktion derselben angelegt. Descartes bekanntes "Ich denke, darum bin ich" am Ausgangspunkt des zögerlichen, aber wie es heute scheint, unaufhaltsamen "Siegeszugs" von Wissenschaft und Technik hätte von Anfang an schon folgendermaßen umformuliert werden können: "So, wie ich denke, herrsche ich". Dieser innere Herrschaftscharakter von Wissenschaft und Technik in der Eigenart ihrer Anlage, ihres Methodos, bildet zur "äußeren" Herrschaft und Ökonomie von Anfang an eine Ana-logie, eine entsprechende Logik also. Die spätere Konvergenz von Wissenschaft, Technik, Herrschaft und Kapital ist somit von vornherein angelegt. Diese Konvergenz bildet heute aber eine zusätzliche neue Qualität.

d. Jenseits aller wissenschaftlich-technischen Kosten im einzelnen, die erneut wissenschaftlich-technisch zu bewältigen versucht werden, besteht das zentrale Problem dieser nicht zu Unrecht wissenschaftlich-technisch benannten Zivilisation darin, daß systematisch und nicht zu instrumentellen Zwecken hier und dort soziale Lösungen durch technische ersetzt werden. Mehr noch. An die Stelle der Sozio-logik tritt die Techno-logik. Die Definitionsmacht hat sich verkehrt. Ein Prozeß der Umfunktionierung zwischen Gesellschaft und Technik hat schon stattgefunden und befindet sich noch im Gange, der gesellschaftliche Phänomene nur noch unter wissenschaftlich-technischen Aspekten identifikatorischer und beherrschender Art betrachten läßt. Risiko und Störfaktor Mensch. Der "restlosen Erfassung" (Aly/Roth) korrespondiert der längst weltweit etablierte "Hunger nach Mehrwert" (Marx), verschlungen mit dem Hunger nach mehr Macht.

II. Die armen Menschenrechte

1. Die herkömmlichen Menschenrechte, auf die wir uns alle bewußt oder unbewußt und mit mehr oder minder vagen Vorstellungen beziehen, besitzen trotz ihres universellen Anspruchs, ja, gerade an der Eigenart desselben festzumachen, einen hochgradig historischen Charakter. Nicht umsonst sind sie von Anfang an ideologisch-herrschaftlich gebraucht worden. Der große Thomas Jefferson, von dem der erste Entwurf, der herrlich zu lesende, der Bill-of-Rights formuliert worden ist, hielt die Bildung von Frauen nicht nur für unerheblich - daran hatte er gar nicht erst gedacht. Er nahm auch an, daß die Schwarzen minderer intellektueller Fähigkeiten seien, und erklärte, Indianer seien durchaus entwicklungsfähig. Sie müßten aber ihren Ahnenkult aufgeben und sich, in heutiger Sprache ausgedrückt, dem Konzept der Modernität fügen.

Gleichheit, Freiheit, Brüderlichkeit galt als Devise weißer Männer im Aufbruch der kapitalistisch-staatlichen Entwicklung. Sie war individualistisch fixiert und universell insoweit, als eben die staatlich-kapitalistische Entwicklung die Universalisierung westlicher Rationalität erst herstellte.

Unbeschadet dieser Beschränkungen, die man bewußt bedenken und neu konzipierend überwinden muß, machten die naturrechtlich begründeten Menschenrechte auf herrschaftliche Gefahren aufmerksam und enthielten in ihrem universellen Anspruch jenseits von dessen Formulierung im einzelnen eine bis heute nicht abgegoltene Verheißung. Freilich, und diese Einschränkung ist mit den anderen benannten Begrenzungen der Menschenrechte in ihrer ersten modernen Formulierung verbunden, bürgerliches Eigentum war in der individualistischen Fiktion allemal vorausgesetzt. Die soziale, die materielle Seite der Menschenrechte, bis hin zu den notwendigen organisatorischen Bedingungen, wurde nicht oder kaum zum Thema.

2. Die Menschenrechte sind antiquiert, gerade dort, wo sie ihr Geburtsmal als Rechte aufsteigenden und aufstrebenden Bürgertums tragen: In der individualistischen Fiktion nämlich, der asozialen Annahme ursprünglich, sprich von Natur gegebener, dem Individuum als Eigner zugehöriger Rechte.

Dennoch ist an ihrem Ansatz festzuhalten. Vorstaatliche, vorherrschaftliche Rechte als allgemeine Ansprüche, die jedem einzelnen Menschen konkret, d.h. gemäß seiner historischen Situation zukommen, Rechte, die als höheres Recht die Organisation und eigenartige Verrechtlichung historischer Gesellschaften zu informieren haben und legitimieren bzw. delegitimieren. So verstanden gipfeln sie im Begriff der Gerechtigkeit.

Das Dilemma gegenwärtigen menschenrechtlichen Bedenkens und in ihm begründeten Handelns ist damit aber nicht behoben. Wenn sich belegen läßt, daß die Menschenrechte nicht allein das Geburtsmal der Frühmoderne tragen, sondern allein im Kontext derselben unter den entsprechenden politisch-ökonomischen Bedingungen zu funktionieren vermögen, dann wäre es denkbar, daß sie sich nach der zweiten industriellen Revolution nicht mehr in gleicher Weise eignen. Dem entsprechend könnte es angeraten sein, dieselben neu zu konzipieren. Müßte nicht der Technologik entsprechend auch sozusagen die Menschenlogik verändert werden, da sie schon unser Verhalten und Bewußtsein, den Apparat unserer Wahrnehmungen und unseres Handelns insgesamt erheblich beeinflußt, wenn nicht qualitativ verändert hat.

Folgende Erwägungen, nur überaus kurz apostrophiert, sprechen dafür, an den Menschenrechten, freilich sie gründlich erneuernd, festzuhalten. Wertkonservativ. An ihnen festzuhalten, ist erforderlich, weil der Diagnose der antiquierten Menschenrechte, die des antiquierten Menschen i.S. von Günther Anders, auf dem Fuße folgen müßten. Sie gründlich zu verändern, ist vonnöten, weil die

Menschenrechte herkömmlicher Definition nicht allein vielfältig ideologischen Charakter besitzen, wie oben skizziert, sondern - hielte man an ihnen statisch fest - zu abstrakten Normen verkämen, punktuell und ohne Kraft der Orientierung und der Gestaltung.

a. Menschen benötigen der Instrumente und Institutionen, um überleben zu können. Sie müssen ihr "Mängelwesen" (Arnold Gehlen) mit Krücken versehen. Sie müssen die Bedingungen ihres Daseins, so wie sie sie vorfinden, erst umschaffen, um entsprechend existieren zu können.

b. Instrumente und Institutionen schaffen Menschen aber nicht im technisch äußerlichen Sinne. Vielmehr ist von Menschen in der Tat immer sogleich im Plural zu reden. Sie sind soziale Wesen, zoa politica. Und in der Organisierung sozialer Zusammenhänge, die unterschiedlich geformt ausfallen kann, werden Techniken gefunden, erfunden, ja geplant, werden Institutionen geschaffen und arbeitsteilig eingesetzt. Die soziale Eigenart ist die entscheidende, und sie qualifiziert die Art des Zusammenlebens.

c. Das politische Wesen Mensch ist, wie von den Griechen gleichfalls schon formuliert worden ist, das Sich-Habende, das sich die Welt sinnhaft vorstellende und zurichtende Wesen. Im Unterschied zum systemtheoretischen Mißbrauch macht aber die Kategorie "Sinn" nur Sinn, wenn sie sich eben auf human-soziale Zusammenhänge bezieht und nicht für Techniken und Institutionen in Anspruch genommen wird, abstrahiert zum System und "seinem Sinn".

d. Menschen sind nicht, sie werden erst. Sie sind also geschichtliche Wesen. Menschen sind nicht als solche, sie werden erst in Gesellschaften. Geschichte und Gesellschaft gehören also von Anfang an zusammen und konstituieren je eigenartig das, was menschlich genannt oder als menschliche Verfehlung festgestellt wird. Denn die Möglichkeit, Sinn zu schaffen und Sinn zu kommunizieren, die Fähigkeit zur Verallgemeinerung also, sprachlich mit gewährleistet, und damit die Fähigkeit zur Beurteilung, gehört zum geschichtlichen Werden mit hinzu. Menschliche Gesellschaften sind in ihrer Entwicklung nicht einfach evolutionär festgelegt, sie können verschiedene Wege einschlagen oder verfehlen.

e. Menschen sind aber, banal und doch zu erinnern, natürliche Wesen. Geschöpflichkeit, Zeitlichkeit, Körperlichkeit insgesamt ergeben sich als "Befindlichkeiten" des Menschen daraus. Allerdings, diese Naturverhaftetheit des Menschen, genauer, daß er Natur ist, bedingt zugleich die benannte Anlage zur Kultur, d.h. zur Geschichte. Menschen sind existentiell festgelegt und existentiell zur Geschichte verdammt zugleich. Sie müssen die Bedingungen immer erst schaffen, unter denen sie zu leben vermögen. Diese Bedingungen aber müssen ihrerseits darauf angelegt sein, daß sie auf die "Natur" des Menschen Rücksicht nehmen.

Für die Menschenrechte folgt daraus allgemein, daß sie immer nur als sozial gedacht werden können, so sehr sie auf das je einzelne Individuum als ein vergängliches bezogen sein müssen. Dessen Vergänglichkeit und dessen Chance des Werdens bezeichnen den Zeithorizont und die entwicklungsbezogene Eigenart der Menschenrechte. Zugleich aber bedeutet die Naturwüchsigkeit des Menschen, auf die seine elementaren Bedürfnisse gerichtet sind, daß Menschenrechte ineins in ihrer sozialen Verankerung allemal materiell fundiert sein müssen. Sprich Menschenrechte sind situative Rechte. Sie werden verfehlt als abgehobenes normatives Gaukelspiel. Natur und Geschichte sind schlechterdings nicht als solche gegeben, bezeichnen geschichtliche Möglichkeiten und natürliche Grenzen menschlichen Werdens. Beide sind im Ansatz der Menschenrechte zugleich zu bedenken und in ihrem Wechselbezug wahrzunehmen.

Nimmt man diese Erwägungen ernst, so bedeuten sie u.a.:

- Nicht Zeit und Raum als solche, sondern sozial angeeignete und aneigenbare, räumliche und zeitliche Gegebenheiten sind für die menschliche Lebensqualität ausschlaggebend. Nur wenn Räume und Zeiten sozial angeeignet werden können, in jeweils erneuertem individuellem Vorgang, können sich Menschen orientieren, vermögen sie, sich in der "Wirklichkeit", in der sie leben, zurechtzufinden, sind sie in der Lage, dieselbe sinnhaft zu durchdringen. Unbeschadet aller Dynamik von jeweils historischer Mobilität, bedürfen Menschen aufgrund ihrer natürlichen Ausstattung und ihrer sozialen Anlage auch eines Gutteils eher statischer Gegebenheiten. Das macht u.a. Institutionen als Dauereinrichtungen aus. Entscheidend ist aber dann, wie weit sind dieselben aneigenbar.

- Zum Zentralbegriff schlechthin wird die Forderung nach der physisch-psychisch-intellektuellen Integrität, nach der Unversehrtheit des Menschen. Hierin ist - um mit Albert Schweitzer zu reden - die Ehrfurcht vor dem Leben miteingeschlossen und damit die prinzipielle Ablehnung aller Gewalt, die dort, wo sie unvermeidlich erscheinen mag, immer begründungspflichtig ist. Die Unversehrtheit des Menschen läßt sich aber nicht individuell abstrakt bewahren, sonst gliche sie einer unbelebten Vase, die man ob ihrer Kostbarkeit unbrauchbar im unzugänglichen Schrank abschlösse. Integrität läßt sich jeweils nur im Kontext sozialer Bedingungen gewährleisten. Sie bedarf materieller Vorkehrungen und ist nicht mit Unberührbarkeit, gar mit Asozialität zu verwechseln.
  Der Integritätsforderung entspricht das Verlangen nach Freiheit. Freiheit ist erneut nur als soziale i.S. von Selbst- und Mitbestimmung zu fassen. Integrität wie Freiheit sind in diesem Sinne politische Kategorien.

- Sozialisation von Menschen, also ihre gesellschaftliche Menschwerdung, wird daran gemessen, inwieweit im Verfahren die Integrität gewahrt und die Fähigkeit zur Freiheit - um mit Freud zu sprechen - zum Ich herausentwickelt werden. Gerade weil Menschen von Natur nicht festgelegt sind, weil sie je und je erst geschichtlich werden, gerade deswegen besteht ihre "Identität" in der Nicht-Identität. Menschen dürfen nicht auf wenige Merkmale abstrakt reduziert werden. Sie sind Menschen mit ihrem Widerspruch, ihrer Geschichte. Nur wer sie wandelt, ist mit ihnen verwandt. Dort, wo sie zu Schemen werden, zu bloßen Trägern von Merkmalen, wo sie bestimmten Konsistenzpostulaten gemäß zugerichtet, bzw. interpretiert und manipuliert werden, dort ist eine Gesellschaft dabei, in abstrakter Herrschaft ihrer selbst zu entraten.

Alles zusammengenommen also, ist daran festzuhalten, daß Menschen naturschwere, aber nicht naturbestimmte Wesen sind, "Entwicklungsprodukte" sozialer Art, deren Bedürfnisse sich nicht in unhistorischer Anthropologie ergründen lassen, deren Bedürfnisse aber durchaus verallgemeinerbar aus der Erfahrungsgeschichte, emphatisch gesprochen der Menschheit sich ergeben. Und dennoch, die Frage drängt heute mehr denn je: Wie lassen sich die Menschenrechte so formulieren, daß sie nicht bestimmte historische Situationen verallgemeinernd fixieren (siehe etwa den klassischen Kanon moderner Menschenrechte). Formuliert man sie aber auf der Höhe gegenwärtiger Probleme, ist zu beachten, daß sie nicht nur einem Opportunismus der Kriterien Vorschub leisten, sondern an einer Konzeption des Menschen, normativ und faktisch, festhalten lassen, die den geschichtlichen Erfahrungen dessen, was menschlich ist, gerecht wird.

Diese Frage, ja, dieser Hornissenschwarm von Fragen, drängt deswegen, weil im Angesicht der Neuen Technologien all das in Frage gestellt wird, was historisch-menschenrechtlich konjugiert zu werden vermag. Eine ganz neue Grammatik der Gesellschaft, wenn sie denn eine gesellschaftliche ist, ist im Entstehen, so wie auch die Sprache als Mittel der Kommunikation in den Hintergrund gedrängt wird.

Die Neuen Technologien zeichnen sich in Sachen Raum und Zeit durch eine "Furie des Verschwindens" (Hegel) aus. Sie ermöglichen eine Enträumlichung sozialer Bezüge und eine Verkürzung von Zeiten, die an Schwerelosigkeit grenzt. Was aber, wenn diese Art der Mobilität und der Kommunikation räumlich aus dem Auge und zeitlich aus der Fähigkeit des Begreifens geraten, wenn sie Menschen nicht mehr "kommensurabel" sind? Wo sind die statischen Elemente, derer Menschen sinnschaffend von ihrer natürlichen Schwere her bedürfen?

Humaner Integrität wird der Boden entzogen. Die Bodenmetapher als solche versucht, einen Vorgang anschaulich zu machen, der gerade durch seine Unanschaulichkeit, erneut durch seine Ungreifbarkeit sich auszeichnet. Informations- und gentechnische Prozeduren machen Menschen durchsichtig und technisch verfügbar, ohne daß ihre "erste" Natur, ihr Körper, davon merklich betroffen wäre. Derselbe wird durch die "zweite" Natur, die technische, gleichsam ersetzt, zu einem so oder so zu behandelnden Randphänomen degradiert.

Die Identifikationssucht der Neuen Technologien, dem alten Herrschaftstraum des Allfestlegens entsprechend, des alles Wissens und des alles Wollens und also alles ausführend, drängt das Nicht-Identische als Sperrgut gleichfalls an den Rand. Was nicht identifizierbar ist, gilt nicht, wird gar als krank oder kriminell qualifiziert. In jedem Fall stellt es ein potentielles Risiko dar. Das ist die tiefere Botschaft des "Störfaktors" Mensch.

So gesehen ist denn die frohe Botschaft mancher Gentechnologen nicht verwunderlich. Die natürliche Schwere des Menschen, seine Knochen, Muskeln und Nerven und deren Begrenztheit sind hinderlich. Demgemäß gilt es, "einen Menschen zu schaffen, der seine Natur überwindet" (Claas). "Natur", die hier überwunden werden soll, bedeutet nicht physische Natur im allgemeinen körperlichen Sinne. "Natur" heißt vielmehr, daß die Sozialnatur des Menschen, seine Geschichtlichkeit, seine Identität in der Nicht-Identität, am Rand der technischen Müllkippe zur Disposition steht.

Als Naturmenschen sind die Menschen zur Kultur "verdammt". Die jeweilige kulturelle Organisation selber aber hat die Bedürfnisse und die Grenzen der Menschennatur zu berücksichtigen. Aus der Art und Weise, wie die nicht festgelegte, allerdings mit Grenzen versehene Menschennatur kultürlich gefaßt wird, ergeben sich die eigenartigen Möglichkeiten der Emanzipation. Das aber, was die Neuen Technologien an den Horizont malen, ja, schon an die Wand der Gegenwart schreiben, ihr Menetekel, geht über solche kulturellen Sublimationen "der" Menschennatur hinaus. Die Dialektik von Natur und Kultur soll insgesamt übersprungen werden. Hält man jedoch aufgrund triftiger und eindeutiger Erfahrungen aus der Geschichte der seitherigen Generationen von Menschen an der human-sozialen Definition von Emanzipation fest, dann ergeben sich zunächst folgende allgemeine Konsequenzen für die Menschenrechte.

a. Sie sind kollektiv situativ zu fassen. Den Ausgangspunkt aller menschenrechtlichen Formulierungen müssen soziale Situationen bilden, die in ihren Bedingungen für Selbstbewußtsein und Handlungsvermögen als gelungen bezeichnet werden können. Solche Bedingungen sind aus dem Flöz historischer Erfahrungen zu gewinnen. Sie sind so experimentell und offen anzulegen, daß sie nicht wie angewandte Abstraktion terroristisch auf die Wirklichkeit gepreßt zu werden vermögen.

Nur ein kollektiv situativer Begriff der Menschenrechte aber, der etwa die Integrität von Patienten in der Anlage eines demokratischen Gesundheitswesens und einer veränderten Medizin gewährleistet, vermag die Gefahren, die von den "alten" und den "neuen" Technologien ausgehen, einigermaßen wahrzunehmen und ihnen entgegen soziale Organisationen gewinnen lassen. Menschenrechte, deren "Körperlichkeit", deren materielle Bedingungen in sozialem Raum und Zeit nicht konzipiert und praktiziert werden, sind leere Normhülsen, die beliebig gebraucht werden können.

b. Einen kollektiv-situativen Begriff der Menschenrechte zu fassen, bedeutet zugleich, sie als politische Rechte zu begreifen. Menschenrechte sind so viel wert, wie sie sich in den organisatorischen Formen einer Gesellschaft wiederfinden lassen. Menschenrechte materialisieren sich in Verfahren. Sie setzen sich nicht um als isolierte Menschenrechtspolitik, sondern sind in allen politischen Bereichen gleicherweise wahrzunehmen.

Menschenrechte als politische Rechte zeichnen sich also aus durch die habhaften Konsequenzen, die sie für die Willens- und Entscheidungsbildung einer Gesellschaft verlangen. Um ein Beispiel anzudeuten: Das Grundrecht auf "informationelle Selbstbestimmung", das das Bundesverfassungsgericht am 15.12.1983 in seinem "Volkszählungsurteil" hervorgehoben hat,hat als Konsequenz des Grundrechts auf Integrität nur dann einen Sinn, wenn aus ihm entsprechende Konsequenzen in der Organisierung öffentlicher und privater Bürokratien gezogen werden. Solange Großorganisationen und ihre Verfahren im Innern wie neue Intimbereiche geschützt werden (während der persönliche Intimbereich längst aufgehoben ist oder sicherheitsgesetzlich aufgehoben wird), solange nicht neue Formen einer die Bürokratie entzerrenden Gewaltenteilung und Kontrolle institutionalisiert werden, bleibt das "informationelle Selbstbestimmungsrecht" eine schöne Formel blutloser Verheißung.

Faßt man aber Menschenrechte als politische Rechte, dann hat dies auch zur Folge, daß die subjektivistische Formel der bürokratischen Kontrolle entsprechend,mein Eigentum gehört mir, mein Körper gehört mir etc., so nicht aufrecht erhalten werden kann. Der Zwangskollektivierung durch die alten und neuen Technologien, durch ihr bürokratisches Substrat, einer Kollektivierung freilich, die die sozialen Zusammenhänge isolieren und alle vereinzeln läßt, muß ein neuer und anderer Zusammenhang politischer Vergesellschaftung entgegengesetzt werden. In dem wird es dann auch einen Schutz eigenständiger Räume von Menschen geben müssen, jedoch nicht als schlechte Privatheit, die der schlechten Öffentlichkeit korrespondiert.

c. Wie immer man die Menschenrechte neu formulieren mag, solange man sie in der Tradition naturrechtlich inspirierter Menschenrechte versteht, werden angesichts der durch die Neuen Technologien zusätzlich profilierten Gefahren von Herrschaft und Entfremdung ein ausgebauter Minderheitenschutz, ein Technikschutz, ja, eine weite Bereiche umfassende Technikblockade unabdingbar sein. Diese Bereiche und die Eigenart des Minderheitenschutzes, der sich auch in den Entscheidungsverfahren, z.B. in Entscheidungsblockaden niederschlagen muß, sind von einer kollektiv-situativen Fassung des Begriffs der Menschenrechte aus und vom politischen Verfahren, das ihnen gemäß ist, zu bestimmen.

III. Es gibt nur einen Ausweg, wenn es ihn gibt - die Politisierung der Neuen Technologien

1. Daß die Neuen Technologien entwickelt und durchgesetzt werden, ist immer schon entschieden. Ja, selbst noch bevor sie im einzelnen "erfunden" sind, werden sie in einer Weise geplant, die offenkundig keiner weiteren Entscheidung bedarf. Die wissenschaftlich-technische Prämisse ist das bestimmte X vor der Klammer, die nicht mehr zur politischen Disposition steht.

Wenn an diesem Faktum brutum der Moderne, das zunehmend brutale Fakten schafft, nicht gerüttelt werden kann, wenn es nicht systematisch in Frage zu stellen ist, dann ist alle Hoffnung vergebens, dann sind alle Gegenmittel schon wirkungslos, bevor sie erst recht eingesetzt worden sind. Die Reihenfolge "Technik, Mensch und Menschenrecht" muß demgemäß umgekehrt werden. Mensch, Menschenrecht und Technik allein lautet ihre systematisch angemessene Sequenz. Wissenschaft und Technik aber zum Politikum zu erheben und also in politischen Verfahren über wissenschaftlich-technische Entwicklung von Anfang an entscheiden zu lassen, setzt voraus, daß die "innere Gesellschaftlichkeit" von Wissenschaft und Technik, daß "Wissenschaft und Technik als Ideologie" (Habermas) erkannt und entsprechende Verfahren institutionalisiert werden.

2. Zuallererst ist eine fundierte und fundamentale Wissenschaftskritik angezeigt. Die Fiktionen "reiner" wissenschaftlicher Neugier, des immateriellen wissenschaftlichen Subjekts, der allein wahrheitsgerichteten Forschung, der "Gemeinschaft der Wissenschaftler", die als solche überpolitisch und weise den Fortschritt der Erkenntnis bestimmt u.ä.m., sind endlich als das zu erkennen, was sie sind, hochinteressierte und hochwirksame Ideologeme. Mag es zu früheren Zeiten noch zulässig gewesen sein, ja, gesellschaftlich produktiv, Wissenschaft, staats- oder privat finanziert - darüber wurde selten geredet - in "Einsamkeit und Freiheit" dahinforschen zu lassen, so ist sie längst viel zu wichtig geworden, als daß man ihre verlorene Unschuld weiter doppelmoralisch aufrecht erhalten und die interessentriefende Wissenschaftlergemeinschaft sich selbst überlassen dürfte. Man überläßt sie ja ohnehin nicht so sehr sich selbst, sondern ihren Financiers, ihren höchst äußerlichen Zwecken und den zwischen beiden Faktoren eingespannten Verfahren.

Demgemäß läßt sich, um nur ein Exempel zu geben, die Freisetzung der Wissenschaft an den Universitäten durch Artikel 5 Absatz 3 Grundgesetz nicht mehr in der gegenwärtigen Form aufrechterhalten. Gleicherweise gilt, daß Wissenschaft in Großforschungseinrichtungen einerseits und Großunternehmen andererseits nicht mehr als quasi private Angelegenheit des Staates und des Kapitals behandelt werden können. Die Prozesse der Themen und Methodenwahl, die Art der angestrebten Ergebnisse, die anderen Möglichkeiten, die durch die Wahl bestimmter Themen und Methoden jeweils ausgeschaltet werden usw. usf., all diese Vorgänge sind in einen Prozeß wissenschaftspolitischer Entscheidung hineinzugeben. Wissenschaftspolitik muß erst eigentlich entdeckt werden. Sie ermöglichte es auch, um ein Modewort aufzugreifen, die Kreativität der einzelnen im Prozeß der Wissenschaftsbeteiligten in offener Diskussion zu nützen und Wissenschaft nicht als herrschaftlich geschlossene Gesellschaft zu vorgegebenen Zwecken zu gebrauchen.

Ein solches wissenschaftspolitisches Verfahren in den verschiedenen Institutionen von Forschung und Anwendung bis zum Prototyp, ließe sich, ohne unterschiedliche Kompetenzen zu mißachten und Arbeitsteiligkeit gefährlich zu reduzieren, mit anderen politischen Verfahren so verknüpfen, daß endlich das hergestellt werden könnte, was man eine wissenschaftspolitische, eine technikpolitische Öffentlichkeit nennen könnte. Dann erst setzten sich heutige Gesellschaften dazu instand, darüber kriterienklar zu entscheiden, was sie aus welchen Interessen in welcher Weise wollen und wozu sie aus angebbaren Gründen nein sagen. Technik als Schicksal würde gleichsam resozialisiert werden.

3. Die Maschinenstürmer besitzen keine gute Presse. Seit dem Weber-Aufstand und den Luddites werden sie als Gruppe "aufgeklärt" verketzert, die mit reaktionären Zielen den nötigen Zug der Zeit verkennend kopfvorwärts wider die Maschinerie des Fortschritts anrennen. Daß diese Maschinenstürmer eine je eigenartige gesellschaftliche Rationalität gegenüber einer von oben aufgeherrschten, höchst einseitigen verteidigten, daß sie nicht "Technik als solche" ablehnten, geht in der einseitigen Tradition meist verloren. Die Tradition der Maschinenstürmerei ist aber durchaus zu retten i.S. einer sozialen Aneignung von Technik gegen eine technische Aneignung des Sozialen. Die Argumentations- und Handlungsrichtungen bezeichnen kein bloßes Wortspiel, sie definieren prinzipiell unterschiedliche Vorgangsweisen.

Eine solche veränderte Konzeption von Technik, die sich nicht auf Folgeforschung und Folgehandeln punktuell bestenfalls beschränkt, zieht eine Wissenschaftskritik nach sich, ja, so etwas wie eine Wissenschaftsstürmerei, die über notwendig demokratisierte Verfahren hinausgeht. Am Methodus der modernen Wissenschaft, dem durchaus nicht pluralistischen, ist anzusetzen. Das bedeutete Wissenschaftsstürmerei. Nicht die Wissenschaft, was immer sie im einzelnen sein mag, systematische Reflexion der Wirklichkeit, Analyse von Sachverhalten, Durchdringung von Problemen und dergleichen mehr, sind zu beseitigen. Vielmehr kommt es darauf an, die einseitige herrschaftliche Objektivierungstendenz moderner Wissenschaft, ihre schmalspurige Rationalität, als einzig geltende einzuhalten und systematisch zu ergänzen. Das wissenschaftliche Subjekt selbst ist materiell und geschichtlich zu fasssen. Die Objekte sind ihrerseits als verborgene und offene Subjekte zu begreifen. Damit ist das benannt, was man eine ökologische Methode nennen könnte. Das, was jeweils mit Hilfe eines bestimmten Verfahrens erkannt und gemacht zu werden vermag, wird immer zugleich in dem, was es verfehlt, in dem, was es den Dingen und Personen, von Personen über die Dinge und den Dingen über die Personen antut, bedacht. Wissenschaft muß, wenn sie sozialer Emanzipation dienen soll, das Natur- und Kulturwesen Mensch gleicherweise ernst nehmen. Ihren zentralen Bezugspunkt bildet die oben genannte kollektiv-situative Bestimmung der Menschenrechte.

So zu argumentieren heißt nicht, Wissenschaft nun äußerlich "vor einen anderen Karren zu spannen". Vielmehr wird auf diese Weise endlich erreicht, daß die asoziale Als-Ob-Philosophie moderner Wissenschaft, die ihr auch erlaubt, pilatushaft ihre Hände allemal in Unschuld zu waschen und oppenheimerisch zwischen wissenschaftlicher und moralischer Person zu trennen, endlich auf die Seite wirksamer, aber falscher Annahmen gelegt werden kann.

4. Die Politisierung von Wissenschaft und Technik in nicht äußerlichem Sinne, tief hineinreichend in die Methode, läßt sich mittel- und langfristig nicht insular erreichen. Institutionalisierbar ist eine solche nur dann, wenn die Abstraktheit gegenwärtiger ökonomischer und politischer Vollzüge aufgebrochen werden kann. Der oft zitierte Spruch, Politik sei unser Schicksal, gewinnt heute in einer geradezu perversen Weise wirksamen Rang. Ein zwar von verschiedenen Kräften gemachtes, aber nicht durchsichtiges und verfahrensloses ökonomisch-technisches Schicksal ersetzt Politik. Soll es aber möglich sein, anstehende Problemlösungen zu repolitisieren, dann sind andere Formen demokratischer Willens- und Entscheidungsbildung unabdingbar. Dann bedarf es, ohne den weltweiten Horizont zu verkürzen, z.T. gerade mit Hilfe allerdings sparsam und punktuell eingesetzter Technologie einer realen Dezentralisierung, einer Entbürokratisierung und Entstaatlichung in radikaler Form.

5. Eine Fülle von Scheinlösungen der mit den Neuen Technologien, besonders erhaben gestellten Probleme, seien kursorisch genannt. Mit irgendwelchen "Ethikkommissionen" läßt sich der radikalen Herausforderung, die dieselben für die Menschenrechte, für das, was seither an Zivilisation verstanden worden ist, bedeuten, nicht begegnen. Sie bilden allenfalls das Schlagobers eines anders gekochten und die Ernährung bestimmenden Puddings. Gleichfalls hilft es nicht weiter, Moratorien vorzusehen oder pauschale Neins zu verkünden. Ein Moratorium, so verlockend der Gedanke zunächst ist, wäre ja nur dann durchzusetzen, wenn in der Bundesrepublik und weltweit alle wissenschaftlichen und technischen Räder, etwa in Richtung Gen-Technologie, auf einmal stillstehen würden. Eine schlechterdings irreale Annahme. Redet man also dennoch von Moratorien, versucht man allenfalls, eine kritische Diskussion abzubremsen und

ihr - um sie zufriedenzustellen - einen leeren Happen zuzuwerfen, der eine Art Kritik einschläfernden Placebo-Effekt besitzen mag. Pauschale Neins aber haben gleicherweise wenig Sinn, weil sie zum einen ähnlich in der Luft hängen bleiben wie die Vorschläge von Moratorien, und weil sie zum anderen nicht auf neue Verfahren hin orientieren, die allein hoffen lassen, die wissenschaftlich-technische Entwicklung und ihre bürokratische Fusion kontrollieren, wenn nicht vorweg entscheiden und dirigieren zu lassen.

6. Betrachtet man wissenschaftlich-technische Entwicklung im säkularen Maßstab, und allein diese Perspektive ist angemessen, dann ist eine Art negative Dialektik technisch ermöglichter Emanzipation festzustellen. Techniken dienten von Anfang an der Entlastung, der Bewältigung sonst nicht lösbarer Probleme. Diese Entlastung hat seit der ersten industriellen Revolution sprunghaft zugenommen. Man betrachte allein die Raum- und Zeitentlastung oder die zunehmende Entlastung von Handarbeit, ja, neuerdings von Kopfarbeit. In all solcher Entlastung ist zweifelsohne ein befreiendes Element enthalten. Ein einziger Blick auf einen modernen Haushalt und seine technische Ausstattung belegt dies. Wir alle sind Profiteure. Wir könnten uns anders gar nicht mehr verstehen. Unser Bewußtsein und Verhalten wird durchgehend davon bestimmt.

Doch alle Entlastung technisch-institutioneller Art hat ihre Kosten. Die Kosten steigen, je umfänglicher und tiefgreifender die Entlastung wird, einen je größeren Raum entsprechend die technischen und institutionellen Vorkehrungen einnehmen. Am modernen Staat der "Sicherheitsentlastungsmaschine" ließe sich die Verkehrung des Entlastungseffekts in die Belastung am längsten und am meisten dramatisch bis in die gegenwärtige fortlaufende Aufrüstung hinein demonstrieren. Die Neuen Technologien, durchaus staatsverbunden, markieren gegenwärtig eine Art Wasserscheide der Belastung. Der entlastende Effekt wirkt sich nicht allein kostenreich aus, insofern die Produktionen solcher Techniken ihren Preis besitzen. Weit darüber hinaus wird die Entlastung als solche zur Gefahr. Denn die Techniken und Institutionen à la Staat definieren nun "Sicherheit, die sie meinen." Aber mehr noch. Menschen und ihre gesellige Organisation werden von Problemen, von Vollzügen, von Handlungen, von Denkweisen entlastet in einer Weise, daß ihre Humanität und Sozialität selbst zur Disposition stehen. Im Schlagwort formuliert, die Entlastung von Mensch und Gesellschaft von sich selber. Die Enthumanisierung als Fortschritt.

Betrachtet man diese negative Dialektik der Entlastung, die in den Neuen Technologien zugespitzt zum Ausdruck kommt, dann müssen menschenrechtliche Überlegungen heute geradezu dem Motto folgen: Belastet euch wieder. Versetzt Mensch und Gesellschaft in die Lage, durch eigene Arbeit, durch eigene Überlegung, durch eigene Anstrengung Probleme zu lösen, damit die soziale Emanzipation nicht durch die technische ersetzt werde. Einem solchen Motto zu folgen, nicht pauschal, sondern spezifisch, auf gesellschaftliche Organisation pochend, heißt nicht, "Mühe und Arbeit" als Köstlichkeiten des Lebens zu adeln. Nicht entlastenden Vorgängen, auch Techniken und Institutionen als solchen wird opponiert. Vielmehr wird das Natur- und Kulturwesen Mensch in seiner Schwere und in seiner auf Selbstbestimmung ausgerichteten Eigenart ernst genommen. Körperliche, seelische, geistige Muskeln, die nicht mehr trainiert sind, schlaffen vollkommen ab. Der soziale Muskelschwund der heutigen Gesellschaft bedroht ihre gesellschaftliche Qualität als solche.

7. Die Schwierigkeiten der Politisierung von Wissenschaft und Technik sind himalaja-hoch getürmt. Ja, mehrfache "Himalajas" sind aufeinander gestapelt und hintereinander gestaffelt. So sehr sich Politisierungskonzepte auf Widersprüche und Kosten im Kontext der Neuen Technologien berufen können, so sehr mutet doch jede Forderung, die sie sozial rückholen und entsprechend zuhanden machen will, an, als stattete man Himalaja-Besteiger mit Turnschuhen als dem einzigen Gerät aus.

Politisierung besitzt mutmaßlich nur drei, freilich höchst prekäre Chancen. Zum einen ist nicht davon abzulassen - Günther Anders u.a. haben dies vorexerziert -, sich jeweils einen adäquaten Begriff von Wissenschaft und Technik zu verschaffen. Theoretische Arbeit ist in diesem Sinne unabdingbar. Zum zweiten kommt alles darauf an, ob es gelingt, Gegenorganisationen, und seien sie zunächst kleinsten Ausmaßes, auf die sozialen Beine zu stellen. Zum dritten aber ist es vonnöten, unwirsche Menschen und Gruppen fast aller Couleur zu befördern. Verweigerndes Handeln,kollektiv-schwejksche Aktionen. Sich-Sperren hier und dort und mit Hilfe solchen Sperrens andere aufmerksamzu machen suchen, all diese und andere Aktionen sind - so klein sie ausfallen, so letztlich hoffnungslos vielleicht - aufs menschenrechtlich Dringlichste zu befördern und anzuraten.

Wilhelm Steinmüller

10 Thesen zu Informationstechnologien und Menschenrechten

Warum beschäftigt sich ein Komitee für Grundrechte und Demokratie ausgerechnet mit Neuen Technologien, also mit Informations- und Biotechnik samt Anwendung, da es doch wahrlich genug für die Menschenrechte zu tun hätte? Hat doch schon vor einiger Zeit der bekann te Sozialwissenschaftler Niklas Luhmann diese Frage so schön auf den Punkt gebracht: Menschenrechte und Technik verhielten sich zueinander wie Rehe und Autos; sie hätten überhaupt nichts miteinander zu tun; aber gelegentlich kollidierten sie eben doch ...

Dazu möchte ich eine Gegenposition vertreten: Derzeit bedroht Technik, zumal die Neue Technik, die alten Menschenrechte in ihrem Kern. Die Kollision ist derart, daß der Begriff, das Begreifen, von Technik <u>und</u> von Menschenrechten neu konzipiert werden muß, damit Menschen menschlich überleben können. Sie können nur in demokratischer Solidarität überleben.

<u>Erste These:</u>

WENN DIE ALTE TECHNIK DIE MENSCHHEIT GEFÄHRDET:
<u>DIE INFORMATIONSTECHNIK VERVIELFÄLTIGT DIESE BEDROHUNG!</u>

Unter Menschenrechten verstehe ich für das Folgende zum einen das elementare Recht eines jeden auf physisches, psychisches und soziales Leben-Können, was das Arbeiten einschließt: die Integrität des Menschen. Zum anderen seine Sozialität in Freiheit, Gleichheit und Solidarität. Diese Zweiteilung der Menschenrechte ist nicht ganz zufällig. Sie hat auch mit der Aufteilung in alte und neue Technik zu tun. Unser Recht auf Leben war schon durch die alte Technik elementar bedroht. Jaspers hatte es zuerst und am deutlichsten gesagt, daß die Atombombe das erstmalige Risiko der gewollten und beabsichtigten Selbstvernichtung der Menschheit enthält. Die Friedens- und die Ökologiebewegung erweitern das auf die alte Technik insgesamt: sie gefährdet die Reproduktion des Menschen ganz generell, auch ohne Atombombe. Was beide noch nicht so recht wissen: Alte <u>und</u> neue Technik - gemeint natürlich: ihre Hersteller und Anwender - sind inzwischen eine unschöne Allianz eingegangen, nämlich in den elektronischen Frühwarnsystemen des Militärs in Ost und West: Deren technische Unzuverlässigkeit und Unfallhäufigkeit, also die "Chance" eines finalen "Atomkriegs aus Versehen" ist etwa hundertmal größer als die Wahrscheinlichkeit, im Straßenverkehr umzukommen. Nur betrifft ersteres alle Menschen ... Wir können also nur hoffen, daß die nächsten drei bis fünf Jahre vorbeigehen, bis nämlich die Weltraumüberwachung der Erde so weit fortgeschritten ist, daß verrückt gewordene Frühwarnsysteme wieder kontrollierbar werden - dann haben wir nur noch die normale militärische Gefahr ...

Die neue Technik potenziert also noch das atomare Risiko. Sie bedroht damit die Menschenrechte auf end-gültige Weise.

Zweite These

DIE INFRASTRUKTUR EINER WELTUMSPANNENDEN KOMMUNIKATIONSMASCHINE ENTSTEHT: DAS ELEKTRONISCHE NETZ

Die Gefahr kam nicht von ungefähr. Auch die Informationstechnologien haben ihre Geschichte und ihre Zukunft. Beides muß man kennen. Die Techniken, die zur Zeit zu den fälschlich sogenannten "Neuen Medien" und zu den künftigen Informationsnetzen zusammenwachsen, haben ihren Anfang im Buch als Speicherungstechnik, dem Druck als Vervielfältigungstechnik, den Nachrichtentechniken des vorigen und dieses Jahrhunderts als Übertragungs- und Vervielfältigungstechniken, den Erfassungstechniken etwa ab Anfang des vorigen Jahrhunderts. Hier sind zu erwähnen die Schreibmaschine, die Kamera und das Mikrofon, bis hin zu den exotischeren Sensoren, wie sie etwa im Vietnamkrieg ausprobiert wurden und die sich heute mit den Robotern verbinden. Entscheidend war im Zweiten Weltkrieg die Erfindung der Datenverarbeitung als Informations-Veränderungstechnik: der Computer, der als maschineller und programmierbarer Informationsveränderer wesentliche Steuerungsfunktionen des Menschen nachmachen kann. Der Computer wurde zum Kern, die ihn umgebenden anderen Datengeräte einschließlich des Be-Dieners namens Mensch zur - verräterischerweise so genannten - "Peripherie".

Als dann auch noch die Nachrichtentechnik des vorigen Jahrhunderts mit Computerhilfe "intelligent" genannt und in "Telekommunikation" umbenannt wurde, konnten nun bisherige räumliche Schranken gesprengt werden: Computererfassung und -verarbeitung wird allgegenwärtig, wohin Telekommunikation reicht: per Draht, Luft oder Weltraumsatellit. Nur nebenbei: das Gerede um "Mikro"elektronik täuscht. Mikroprozessoren, -sensoren und -optik ist heute schon zum Teil weit leistungsfähiger als die konventionelle Informationstechnik, nur eben unvergleichlich billiger, kleiner - und damit universeller: Demnächst wird sie in allen Geräten anzutreffen sein, auch in lebendigen Wesen. Sie wird alle "telekommunikativ" mit allen und mit allen Orten wie Arbeitsstätten, Haushalten, Transportmitteln verbinden können - wie es die ökonomische und/oder politische Rationalität (zu deutsch: Unvernunft!) gebietet.

Zur Zeit befinden wir uns im Übergangsstadium. Die Post verbindet gerade die großen und kleinen Computer, samt Peripherie, mit Hilfe des computerisierten (= "digitalisierten") Telefonnetzes zu neuartigen Netzen und nennt diese Verbunde, u.a. damit sie unter das Postmonopol fallen, "Neue Medien", oder - noch beliebiger - Informations- und "Kommunikations"techniken, wobei an dieser Stelle schnell der Bedeutungswandel von menschlicher zu maschineller "Kommunikation" angemerkt sei! Auch "Bürokommunikation" ist im technischen Kern nichts anderes.

Das aus der Verbindung der Netze in diesem Jahrzehnt noch entstehende universale Versorgungsnetz für Daten, Text, Ton, Bild und vor allem für Programme wird die zwischenmenschliche Kommunikation und den Umgang mit der Natur weiter technisch mediatisieren und mit Hilfe der stets beteiligten Rechner technisch manipulieren.

Was die Einführung eines solchen Netzes bedeutet, ist kaum vorstellbar. Der Kürze halber will ich zu einer historischen Analogie greifen. Man male sich aus, im 19. Jahrhundert werde auf einem Dorf das Rohstoffversorgungsnetz "Wasserleitungen" oder das Energieversorgungsnetz "Strom" eingeführt - welch ein Wandel der Lebens- und Arbeitsbedingungen war die Folge! Und jetzt kommt ein Informationsversorgungsnetz mit unbekannten Strukturen hinzu, weltweit ...

Nicht weniger als eine neue Gesellschaftsstruktur steht uns bevor. Das militärische Warnnetz ist ein geradezu verbrecherisch dilettantischer - und genau deswegen weltbedrohender - Vorläufer der kommenden "Weltmaschine Kommunikation" im Dienste der Herrschenden.

Dritte These

NICHT DIE MORGENRÖTE EINER INFORMATIONS- ODER GAR POSTINDUSTRIELLEN GESELLSCHAFT, VIELMEHR DIE ZWEITE PHASE DER INDUSTRIALISIERUNG HAT BEGONNEN

Es hat den Anschein, als ob die Sozialität des Menschen, seine Freiheit, Gleichheit, Solidarität in Zukunft von den Informationstechniken nicht weniger deutlich berührt würden als die Integrität des "alten" Menschen von der "alten" Technik. Um dies zu verdeutlichen, muß man die geschilderten historischen Entwicklungslinien auf ihren tieferen Sinn befragen oder, wer will, politökologisch interpretieren.

Die alten Techniken erwuchsen zu Maschinen, verbanden sich mit Menschen zu Fabriken, die sich nach dem Zweiten Weltkrieg zu den weltumspannenden multinationalen Konzernen zusammenschlossen. Man nennt dies "Industrialisierung". Mit all ihren Begleitumständen. Heute sehen wir mit Schrecken oder Bewunderung - je nach Standort -, daß diese Industrialisierung gar nicht "die" Industrialisierung war, sondern nur deren erste Hälfte. Es beginnt jetzt die zweite Industrialisierung, nicht mehr der körperlichen Arbeit, sondern der geistigen Arbeit, genauer: einiger intellektueller und sensorischer Funktionen. Dies geschieht mit Hilfe neuartiger Werkzeuge: der sogenannten Informationstechniken.

Diese zweite Industrialisierung läuft gerade an. Wir sind am Anfang. Zwar geht es dreimal so schnell wie bei der ersten Industrialisierung, aber die meisten Gesetzmäßigkeiten und Folgen sind uns noch unbekannt. Nur eines scheint festzustehen: daß Massenarbeitslosigkeit und Verdatung aller mangels zureichender Gegensteuerung wohl unausweichlich sein werden. Warum aber dieses Abenteuer? Wir können nur vermuten. Etwa daß die Ausbeutung der Natur durch die alten Technologien, die uns das Öko-Problem beschert hat und letzten Endes zur Zerstörung der Außenwelt führt, nunmehr um eine neue Ausbeutung ergänzt werden muß, damit das kapitalistische - und, mutatis mutandis, das real-sozialistische - System nicht grundsätzlich in Frage gestellt wird. Denn beide müssen ökonomisch wachsen - oder untergehen. Aber die alten Märkte und Rohstoffe sind erschöpft oder gehen ihrer Erschöpfung entgegen. Nun braucht es einen neuen Wachstumsbereich: die Sozialbeziehungen und ihre "Informatisierung". Dazu einen neuen Rohstoff, die Kommunikation. Technisch wird dies möglich durch quasi-industriellen Einsatz der neuen Technologien für Information und Kommunikation, hauptsächlich also für Kopfarbeit, mit der wahrscheinlichen Konsequenz einer Gefährdung der Sozialwelt durch allumfassende Computermanipulation bereits technisch entfremdeter Kommunikation. Vermutlich gibt es demnächst eine "Sozialökologie". Sie wird nicht weniger nötig sein als die Naturökologie.

Der dritte und letzte Wachstumssektor und Rohstoff scheint noch zu fehlen: die Vermarktung der Binnenwelt, des "ganzen" Menschen, seine Biologie und Psyche, ja des Lebens überhaupt. Aber ich fürchte, auch das ist inzwischen ein Irrtum. Die Geräte und Fertigkeiten dafür werden gerade entwickelt: die Biotechnik mit ihren Vorläufern in der Genchirurgie. Sie werden die ökonomische und politische Manipulation der Biosphäre ermöglichen und sich mit der Informationstechnik zur Manipulation der Noosphäre, nein, der Ökosphäre überhaupt, verbinden. Doch diesen Aspekt werde ich hier beiseite lassen. Der Kapitalismus ist also keineswegs am Ende, wie viele Linke gemeint haben, sooft sie vor Jahren von der jeweils letzten Krise des Spätkapitalismus träumten. So wenig, wie eine rechte Informationsgesellschaft oder gar eine postindustrielle Gesellschaft in Sicht wäre! Vielmehr schwillt die zweite Industrialisierungswelle an, und sie ist noch lange nicht auf ihrer Höhe ... Es hat übrigens durchaus den Anschein, als ob die sozialistischen Länder diesen Kapitalismus neuer Fasson ebenfalls erst einmal mitmachen würden - nur geringfügig modifiziert und mit letztlich belangloser Verspätung.

Vierte These

INFORMATIONSTECHNIK ERMÖGLICHT DIE PRODUKTION UND DISTRIBUTION VON "MACHT" IN INDUSTRIELLEM MAẞSTAB

Ich möchte jetzt einiges zur Informationstechnik sagen, weil ich meine, daß sie unser bisheriges Konzept von Menschenrechten ziemlich gründlich über den Haufen wirft. Das rührt her vom Unterschied zwischen der alten und der neuen Informationstechnik.

Worin besteht der Unterschied zwischen diesen beiden Techniken menschlicher Arbeitsteilung? Vergleicht man etwa einen Heimwerker, der sein Haus baut,mit seinem "geistig" arbeitenden Pendant, dem Architekten, so zeigt sich sogleich: denkende Menschen braucht man beide Male. Ebenso Arbeitsprozesse, in denen mit Hilfe irgendwelcher Materialien ein Produkt erzeugt wird. Aber offensichtlich ist das Produkt beider Arbeitsformen unterschiedlich, weil das verwendete Material jeweils ein anderes ist. Entsprechend auch die Bearbeitungswerkzeuge und -verfahren. Der Architekt benötigt keine physische Kraftanwendung,keine Ziegel und konkreten Werkzeuge, um ein Haus zu fertigen, sondern er benützt immaterielle Verfahren, um mit Hilfe seines abstrakten Wissens über Struktur- und Verfahrensmodelle (Statik, Bauordnung usw.) und einer Zeichenschablone ein ideelles Haus, schlicht einen Haus-Plan, zu erstellen. Jetzt ein paar Zwischenschritte überspringend, lautet mein Resümée: Der Handarbeiter erarbeitet mit materiellen Dingen und Werkzeugen ein materielles Resultat, der Kopfarbeiter mit immateriellen Modellen und Verfahren ein immaterielles Resultat, und die Werk- bzw. Denkzeuge sind dem angepaßt. Falls man eine nicht unproblematische Reduktion zuläßt, kann man geistige Arbeit auf einer gewissen Abstraktionsebene mit Verarbeitung immaterieller Modelle gleichsetzen: Der Architekt "hand"habt Modelle mittels Modellwerkzeugen, um ein komplexeres Modell herzustellen, wobei die Modelle letztlich materielle Objekte und Verfahren repräsentieren. Das scheint allgemein für alle Kopfarbeiter zuzutreffen, und darüber hinaus für jede menschliche Sinnes- und Verstandesfunktion. Selbst bei der abstraktesten Mathematik gilt: Informationsverarbeitung ist Modellverarbeitung für Zwecke. In der Anwendung üblicherweise: zur Beherrschung von etwas oder jemand.

Nun der Schritt zur Informationstechnik. Sie umfaßt zunächst Denkzeuge, später Maschinen, noch später Mensch-Maschine-Verbindungen namens "Fabriken" für Zwecke ideeller Beherrschung. Und was in den

"Fabriken für Kopfarbeit", bzw. in den technikgestützten Informationssystemen produziert wird, sind nicht mehr materielle Waren und Dienstleistungen wie in der ersten Phase des Kapitalismus und des "realen" Sozialismus, sondern immaterielle Beherrschungsmöglichkeiten: "Macht".

Nun wird eingewandt, all dies sei nichts neues; auch Adam und Eva hätten eins und eins zusammengezählt, und Machtausübung gebe es auch ohne Informationstechnik. Das ist völlig richtig, was die Inhalte betrifft. Der Unterschied liegt in der Form, nämlich in der (quasi)-industriellen Produktions- und Distributionsweise sowie deren Voraussetzungen und Folgen. "Macht" wurde bisher gleichsam handwerklich in Büros oder im Einzelgang am Schreibtisch erzeugt. Nunmehr wird Macht "maschinell" in Datenverarbeitungssystemen produziert und in Tele"kommunikations"systemen übermittelt und/oder verteilt: Der "output" hat sich vergrößert, zur Zeit etwa um den Faktor 100 Millionen - abzüglich der großen Reibungsverluste.

Hier beginnt die neue Menschenrechtsproblematik. Ich will das an einem Beispiel erläutern, am neuen Personalausweis. Ursprünglich war er ein Identifikationsmittel, also eine Art "Personenmodell" seines Trägers, das den Nutzer - Bank; Polizist - mit Hilfe der in ihm aufgezeichneten Informationen über sein Gegenüber vergewisserte. Viel mehr und ganz anders der neue maschinenlesbare Personalausweis. Er ist kein Kommunikationsmittel mehr, auch kein bloßes Werkzeug in der Hand des Kontrolleurs, sondern Ausdruck einer undurchschaubaren Megamaschine, genauer der für den Betroffenen sichtbare Teil. Der maschinenlesbare Personalausweis ist Teil einer typischen Beherrschungs-Großtechnologie, nämlich der ersten Massenerfassungs- und Kontrolltechnologie, die sich ein zivilisierter Staat in Ost und West je geleistet hat. Zugleich ist er eine hochkomplexe Rationalisierungsmaschine, zusammengesetzt aus ca. sechs Informationstechniken, einer kaum durchschaubaren "flächendeckenden", d.h. die Bundesrepublik übergreifenden Organisation, die zu ihrem Funktionieren eine Fülle von Rechtsregeln (u.a. auch des Datenschutzes!) benötigt.

In der politischen und gesellschaftlichen Praxis kann das etwa so aussehen: Anläßlich einer Großdemonstration in Bonn werden "im Vorfeld" die Demonstranten bundesweit erst nach Personalausweiserfassung in die bereitstehenden Züge/Busse gelassen. Es entsteht im maschinell angeschlossenen INPOL-System eine Gesamtdatei (fast) aller auswärtigen Demonstranten. Später wird eine individuelle "Wanderstatistik", zusätzlich eine "Leistungskontrolle" aller beteiligten Polizisten erstellt. "Vor Ort" werden nicht mehr wie bisher 3000 Mann Bundesgrenzschutz etc. benötigt, sondern pro Zufahrtsstraße zwei Polizisten: ein Polizist pro Straße hält den Ausweisleser, der andere das Maschinengewehr. Maschinisierungseffekte: Rationalisierung, Leistungssteigerung! Falls ein Stein geworfen wird (von wem?) und der Einsatzleiter die 300.000 zum Auseinandergehen auffordert:

BUNDESREPUBLIK DEUTSCHLAND
FEDERAL REPUBLIC OF GERMANY
REPUBLIQUE FEDERALE D'ALLEMAGNE
PERSONALAUSWEIS
IDENTITY CARD/CARTE D'IDENTITE
1220000016
Name/Name/Nom
MUSTERMANN
GEB. GABLER
Vornamen/Christian names/Prénoms
ERIKA
Geburtstag und -ort/Date and place of birth/Date et lieu de naissance
12.09.45 MÜNCHEN
Staatsangehörigkeit/Nationality/Nationalité
Gültig bis/Date of expiry/Date d'expiration
DEUTSCH / 01.10.91
Unterschrift des Inhabers/Signature of bearer/Signature du titulaire
Erika Mustermann
IDD<<MUSTERMANN<<ERIKA<<<<<<<<<<<<<<<<<
1220000016D<<1209453<0110912<<<<<<6

Alle sind strafbar, die nicht aktives Abwiegeln nachweisen können, und werden jetzt mittels Ausweisleser erfaßbar. Folge: Auf Personalausweis abgestellte geplante Demonstrationsrechtsänderung und Personalausweis-Gesetzesänderung - Pflicht, den Personalausweis jederzeit mit sich zu führen. Hier ein weiterer Verdatungseffekt: Soziale Isolierung; dazu der Maschinisierungseffekt: Steigerung der Erfassungsleistung als neue "juristische" Personalausweis-Funktion.

Man sieht: Die (quasi-)industrielle Machtproduktion des Staates mittels Informationstechnik trägt fremdartige und doch vertraute Züge.

Fünfte These

DIE EIGENSCHAFTEN DIESER NEUEN SYSTEME SIND ZWAR EXOTISCH, ABER LOGISCH EINFACH, JEDOCH IM WESENTLICHEN GLEICHARTIG UND DARUM LEICHT ZU VERSTEHEN UND ZU VERMITTELN

Welche Eigenschaften hat eine solche "Fabrik für geistige Arbeit"? Noch einmal das Beispiel des maschinenlesbaren Personalausweises. Denn es könnte sein, daß durch ihn bisherige soziale Mechanismen zum Schutz elementarer Menschenrechte leerlaufen - was Informationstechnologie zu einem zentralen Thema eines Menschenrechts-Komitees machen würde. Um dies abschätzen zu können, muß ich zuerst die Ausmaße des Systems und seiner Funktionszusammenhänge erkennen. Ich schließe deshalb zunächst einmal die Augen und betrachte die Maschinenkarte im Systemzusammenhang. Im Vordergrund steht scheinbar die Speichertechnik "Personalausweis". Der "Nutzer", z.B. Polizist, steckt sie in die Erfassungstechnik "Ausweisleser", verbindet also zwei Komponenten zu einem Technikverbund. Dieser sendet mit Hilfe der Übermittlungstechnik "Telekommunikation". Der Ausweisleser enthält einen Miniatursender, der Daten zum nächstgelegenen Polizeiinformationssystem sendet, also wieder zu einem Großsystem der Computertechnik, das wiederum die Ausweisdaten mit seinen Datenbeständen vergleicht und dann wieder per Telekommunikation vorprogrammierte Handlungsanweisungen an den Kontrolleur gibt sowie - ganz nebenbei, aber nicht ganz unwichtig - dessen Daten ebenfalls erfaßt und zur Kontrolle auswertet. Hier besteht also ein Systemzusammenhang zwischen sehr verschiedenartigen Maschinen geistiger Arbeit, der extrem große Raum- und Zeit-Ausmaße vereinnahmen kann: So könnte mir in 20 Jahren bei einer "Anhörung" eine längst vergessene Information aus einem unserer dreizehn Polizeiinformationssysteme entgegengehalten werden, die sich aus einer Personalausweis-Erfassung, kombiniert mit schon vorhandenen Polizeidaten, ergibt.

Nun darf ich verallgemeinern. Die Eigenschaften dieses Systems sind zwar exotisch, aber typisch für <u>alle</u> Computerverbunde, z.B. auch für Bildschirmtext, dem größten (nämlich räumlich) "verteilten Computer" der nichtmilitärischen Welt:

Erstens arbeitet ein solches Informationssystem trotz seiner manchmal weltumspannenden Größe fast ortsunabhängig: Die Überwachungskapazität ist allgegenwärtig, wo immer Telekommunikation hinreicht - notfalls über Satellit. Das kann von einer klassischen Fabrik oder gar von einem alten Werkzeug wirklich nicht behauptet werden.

Zweitens ist dieses System fast "zeitfrei" - in einem doppelten Sinne: Wegen der unfaßlichen Geschwindigkeit der Rechner reagiert das Riesensystem (fast) "sofort", und seine Verfügungsmacht währt "ewig" - bis die Speicher gelöscht werden.

Drittens ist das ganze immateriell, d.h. auch: in wesentlichen Bestandteilen verborgen, sinnlicher Wahrnehmung entzogen. Das Wenige, was man sehen kann, ist vergleichsweise unwichtig: beim Personalausweis der Plastikspeicher von 7 x 10 cm, und der handgroße Ausweisleser, bei Btx das Telefon und der Fernseher. In Wirklichkeit sind beide lediglich Ein- und Ausgabegeräte für weit entfernte Computerbatterien. Dann die "Hintergrundrechner" und deren wiederum unsichtbar programmierte Auswertungsverfahren, die die allein für den Kontrolleur - demnächst wieder ein programmierter Automat? - sicht- und hörbaren Handlungsanweisungen hervorbringen.

Viertens sind derartige Systeme, ungeachtet ihrer Größe und Schwerfälligkeit, ungeheuer flexibel. Denn sie sind aus kleinsten elementaren Ja-Nein-Schritten aufgebaut und in weiten Grenzen umprogrammierbar. Auch dies kann für das neue Verständnis der Menschenrechte bedeutsam werden: Man kann beispielsweise mit Hilfe des Personalausweises und der dahintergeschalteten Programme beliebige Gruppen der Bevölkerung künstlich konstituieren; d.h. ausgewählte Merkmale zusammenschalten - etwa alle weiblichen Homosexuellen, die sechszehige Legasthenikerinnen sind. Der Phantasie sind nur Verdatungsgrenzen gesetzt. Wohlgemerkt, unbekannte Gruppen, beliebige Gruppen, nicht etwa nur soziale Gruppen. Jede "Gruppe" kann nun technisch konstituiert werden in beliebiger Manipulationsbreite für beliebige Zwecke.

Fünftens sind Informationssysteme multifunktional, ja universal: Sie haben so viele Zwecke, wie man programmieren kann; also theoretisch unendlich, und praktisch viel zu viele - jedenfalls mehr, als man sich vorher ausdenken kann. Man kann mit dem Personalausweis selbstverständlich eine Massenfahndung zum Herausfischen von AIDS-Gefährdeten oder über GEW- oder GEZ- oder FAZ-Zahler machen. Ob humane oder inhumane Zwecke, das ist der "wertneutralen" Technik in der Tat "egal".

Dies wäre noch zu vertiefen und an einer Fülle von Beispielen zu erläutern, aber soviel sollte schon jetzt klar sein: Diese neuen Techniken sind fremdartig und auf den ersten Anschein extrem verschieden. Bei näherem Hinsehen jedoch sind sie stets sehr ähnlich und aus ganz wenigen einfachen Bausteinen aufgebaut, womit sie politischer Aufklärung zugänglich sind. Auf einem ganz anderen Blatt stehen die verschiedenen Abwehrmechanismen, die bei Politikern, Gewerkschaftern und Intellektuellen jede Einsicht verhindern - solange sie sich nicht betroffen fühlen.

Sechste These

WIR BRAUCHEN EINEN ERWEITERTEN TECHNIKBEGRIFF: FÜR BESSERE EINSICHT UND WIRKSAMERES HANDELN!

Eine Hauptbarriere gegen bessere Einsicht ist der überkommene Technikbegriff. Historisch ist er nicht mehr als die Summe der bisherigen Technikerfahrungen. Kommt, wie hier, eine neue "Technik" hinzu (wobei man sich müßigerweise streiten mag, ob das Wort beibehalten werden soll), so erzeugt dies Verständnisunsicherheiten:

Der alte Technikbegriff war zwar "richtig", aber unvollständig - wie das alte Kopernikanische Weltbild im Vergleich zum heutigen. Alte und neue Technik haben einiges gemein: Beide sind "Technik" im Sinne menschlicher Artefakte, beide sind Werkzeuge, Maschinen und Mensch-Maschine-Systeme; beide sind Herrschaftsmittel, und beide tendieren - besser "werden tendiert" - zur Großtechnologie. Aber damit erschöpfen sich die Gemeinsamkeiten, und bei der Biotechnik werden noch einmal weitere Besonderheiten hinzukommen. Im übrigen aber gilt: Die alte Technik war materiell, sinnlich faßbar, konkret, orts- und zeitgebunden, starr und Verstärker physischer Kraft und insofern nur mittelbares Herrschaftsmittel. Sie führte zum Maschinen- und Fabrikmodell der Technik. Die neuen Techniken der Kopfarbeit dagegen sind vergleichsweise immateriell, unsinnlich, abstrakt, orts- und zeitfrei, flexibel, variabel, universal und multifunktional in ihren Zwecken, Verstärker intellektueller und sensorischer Funktionen, unmittelbares Herrschaftsmittel sowie Ausschalter zwischenmenschlicher Kommunikation obendrein. Man könnte dies das Algorithmen- oder das Systemmodell der Technik nennen, um ein bißchen deutlicher die Unsinnlichkeit zum Ausdruck zu bringen.

Warum mir ein "erweiterter" Technikbegriff so wichtig ist? Für mich folgen aus ihm nicht nur Erklärungen dafür, warum etwa arbeitsplatzbezogene gewerkschaftliche Problembewältigungen so wirkungslos sind, sondern vor allem die Einsicht in effektivere Strategien der Gestaltung und gelegentlich: der Verhinderung der neuen Techniken.

Siebte These

NEUARTIGE TECHNIKFOLGEN ERFORDERN FREILICH NEUE STRATEGIEN ZU IHRER BEWÄLTIGUNG

Für erste Schlußfolgerungen in bezug auf die Menschenrechte muß ich auf die Folgen für die Menschen zu sprechen kommen. Wenn die neuen Techniken "anders" sind als die alten, dann ist zu vermuten, daß es prinzipiell zwei Arten von Folgen gibt, nämlich "alte" und "neue". Zu "alten" "Maschinisierungsfolgen": kaum faßliche Produktivitätssteigerungen für die einen, Arbeitslosigkeit, Dequalifizierung und tayloristische Organisation für die anderen. Eben jetzt auch bei der Kopfarbeit. Ein Computer macht's ja derzeit im Labor zehn Milliarden mal schneller als der Einzeldenker, und Glasfaserkabel werden in Bälde die entstandenen Datenmengen in gleicher Größenordnung transportieren können. Mithin ist eine Seite der Folgen: die Bedrohung des Menschenrechts auf Arbeit.

Sodann "neue" "Informatisierungsfolgen": Sie ergeben sich daraus, daß die neuen Technologien ein neues Produkt produzieren und verteilen, nämlich Beherrschungsmöglichkeiten, Macht über Menschen, Gruppen, Maschinen, Prozesse, Beziehungen, Strukturen, zuletzt über andere Beherrschungsmöglichkeiten, sprich: Informationen. Das könnte man auch Verdatungsfolgen nennen, auf die man heute unzulänglich mit individualistischem "Datenschutz" reagiert. Denn die neue Technik ist in einem sehr präzisen Sinne institutioneller "Machtverstärker". Da ihre Einführung und Durchsetzung allein für die Bundesrepublik Hunderte von Milliarden DM kostet, kommt sie vorläufig fast ausschließlich den schon Mächtigen zugute, vertieft also schon vorhandene Machtungleichgewichte. Die alten Techniken mittelbar, durch Güterproduktion und -distribution, die neuen unbar. Unser "neues" Thema: Das Menschenrecht auf demokratische Sozialität.

Daraus folgt aber für Verteidiger von Menschenrechten, daß sie angesichts der neuen Macht-Techniken der geistigen Arbeit dazulernen müssen. Es genügt nicht mehr, sich auf die alten politischen und rechtlichen Instrumente zu verlassen, so notwendig diese als integraler Bestandteil einer zu überprüfenden erweiterten Politik erhalten bleiben müssen.

Achte These

DER ERWEITERTE TECHNIKBEGRIFF ERZWINGT EINE VERALLGEMEINERTE MENSCHENRECHTSDEFINITION

Nimmt man nun die neuen Eigenschaften mit dem neuen Technikbegriff und den daraus sich ergebenden neuen sozialen Folgen zusammen, ohne die "alten" Aspekte zu vergessen, so hat das Konsequenzen nicht nur für die Durchsetzung, sondern auch für den Begriff der Menschenrechte. Denn: die bisherige "bürgerliche" Menschenrechtskonzeption beruht historisch auch auf den Erfahrungen des Menschen mit der alten Technik, genauer auf den ökonomischen und ideellen Voraussetzungen, die die erste Industrialisierung erzeugt haben. Es hat den Anschein, als ob durch die neuen Informationstechniken sogar einige ganz grundsätzliche anthropologische Annahmen zusammenbrächen, auf denen unser Menschenrechtsdenken beruht und deren Geltung unhistorisch hypostasiert wird.

Ich komme hier zur bekannten Unterscheidung zwischen "privater" und "öffentlicher" Kommunikation und Information: Sie kann heute in einem Rechnersystem binnen Millisekunden umgeschaltet werden.

Ein Beispiel: Unsere Vorstellung einer über Zeit und Ort relativ stabilen individuellen, sozialen, beruflichen oder Gruppenidentität - sie wird obsolet bei Ausnutzung eines Personalinformationssystems, in dem - wie in einigen Großfirmen - 2000 berufliche, private Krankheits- usw. Daten zur Dequalifizierung zur Verfügung stehen, um binnen Minuten alle diese Menschen in völlig neue Arbeitszusammenhänge ein- oder zur "Freisetzung" in die sinnlos gewordene "Freizeit" auszusortieren (z.B. von 5000 VW-Golf-Arbeitern anläßlich der Robotisierung von Golf II).

Was heißt in einer solch neuartigen Maschine-Mensch-Apparatur "Freiheit", "Gleichheit" oder gar "Solidarität"? Nicht zufällig versagt das gewerkschaftliche Politikverständnis angesichts der neuen Technologien auf breiter Front. Relativ stabile soziale Zeit-Ort-Bezüge, die immer vorausgesetzt waren, wo es sich um bürgerliche Gleichheit oder liberale Freiheit handelte, gibt es in diesem Sinne nicht mehr ohne weiteres. Die Unterscheidung zwischen individueller Privatsphäre und beruflicher, sozialer oder politischer Öffentlichkeitssphäre ist innerhalb rechner- und telekommunikationsgestützter Systeme hinfällig geworden: sie müssen künstlich einprogrammiert werden.

Oder: wir pflegen zwischen "individuell" und "kollektiv" zu unterscheiden. Auch das scheint irrelevant zu werden. Ich habe eben vorgeführt, wie man mit Rechnerunterstützung bei hinreichender Einwohnerverdatung mit Hilfe des maschinenlesbaren Personalausweises für beliebige Zwecke unendlich viele Gruppen präziser aus der Bevölkerung herausbrechen und beeinflussen kann. Obsolet ist schließlich sogar die handliche Unterscheidung zwischen "guten" dezentralen und "schlechten" zentralistischen Systemen: Telekommunikationsgestützte Informationssysteme weisen wegen ihrer Ortsunabhängigkeit Eigenschaften auf, die mit dieser Zweiteilung nicht angemessen wiedergegeben werden.

Ein Beispiel: Mein dezentral eingelesener Personalausweis steht binnen zehn Sekunden (zentral? - nein: "diffus") allen 1500 derzeit angeschlossenen Polizeidienststellen zur Kenntnis, seien sie "zentral" oder "dezentral" lokalisiert. Allgemein: Technisch kann man Informationssysteme fast beliebig "zentral" oder "dezentral" organisieren: in beiden Fällen kann die Machtverteilung sich dezentral oder zentralisiert auswirken.

Mit anderen Worten: Unser bisheriger Begriff der Menschenrechte bedarf der Korrektur, jedenfalls soweit er technikabhängige Komponenten enthält. Der Prozeßcharakter der neuen Technik erzwingt eine transindividualistische, a-privatistische und "prozessuale" Neudefinition. Wer wird sie formulieren?

Neunte These

EINE PLURALISTISCHE ANTHROPOLOGIE FÜR EINEN REALISTISCHEN ANSATZ DEMOKRATISCHER TECHNIKGESTALTUNG!

Was könnte "Menschenrecht" in unserer Zivilisation heißen? Ich will nicht den ebenso vermessenen wie vergeblichen Versuch unternehmen, eine weitere Anthropologie den Dutzenden der Philosophiegeschichte hinzuzufügen. Ungleich wichtiger und auch erfolgversprechender scheint es, die in bestimmten Bevölkerungsgruppen gelebten Teilanthropologien aufzuspüren, auf ihre technisch-kritischen Gestaltungspotentiale zu untersuchen und auf ihre Koalitionsmöglichkeiten zu befragen.

Ein Angebot der offiziellen Gesellschaftspolitik heißt immer noch "Fortschritt", lokalisiert etwa im Bundespostministerium; bei älteren Ökonomen; in Baden-Württemberg; bei Sozialdemokraten wie Gewerkschaftern und orthodoxen Kommunisten. Ihnen gilt immer noch die unselige Gleichsetzung "Informationstechnik gleich Technik gleich Fortschritt gleich erstrebenswert". Das kann nicht unsere Konzeption sein, denn sie hat uns in die ökologische Sackgasse geführt.

Außerdem gibt es die neuere gewerkschaftliche Vorstellung von der "sozialen Technikgestaltung". Diese freilich bleibt auf halbem Wege stehen, wenn nebeneinander das Verbot von Personalinformationssystemen, die gewerkschaftliche Beteiligung bei Bildschirmtext und ein Moratorium beim weiteren Ausbau der Technik gefordert werden. Denn wofür soll der Zeitgewinn genutzt werden? Eigene Gestaltungsvorschläge bleiben vage. Das schlüssige Konzept überläßt man nach wie vor den Arbeitgebern.

Ein drittes Konzept heißt "Informations-Technologiepolitik". Es meint damit nicht nur "soziale", sondern zugleich technische und organisatorische Technikgestaltung durch Investitions- und Forschungslenkung. Repräsentiert wird es bisher von der Gegenseite: vom Bundesforschungsministerium, den C-Ländern und den von ihnen profitierenden Teilen der Industrie, die um des höheren - finanziellen - Zieles willen gern ihren Glauben an die wunderbaren Kräfte des Marktes verraten.

Nichts sollte uns hindern, das Gestaltungspotential der flexiblen Informationstechnik mit dem emanzipatorischen Potential der Arbeiterbewegung zu verbinden. Es enthält ein essentielles und koalitionsfähiges Element künftigen Menschenrechtsverständnisses unter den veränderten Bedingungen der zweiten Industrialisierung. Freilich bedarf es der Ergänzung durch die "andere" Konzeption der - nur scheinbar destruktiven - "Arbeiterautonomie", die zunehmend an Bedeutung gewinnt. Nicht nur bei den anarchischen Hackern, die davon gar nichts verstehen, sondern auch überall dort, wo die Arbeiter sich von der Gewerkschaftsbewegung im Stich gelassen fühlen oder in gerechtfertigter Notwehr oder Nothilfe die Gewalt der menschenstürmerischen Maschinenherrn aufzuhalten suchen. Dort häufen sich zunehmend Sabotageakte - nicht nur in Form von Schrauben in Reaktorkernen, sondern auch in Gestalt von wohlübelegten, wenngleich dysfunktionalen Unterprogrammen. In solchen Aktionen gewinnt das ehrwürdige Menschenrecht auf Widerstand erstaunlich moderne Züge.

In ganz andere Richtung geht die Bewegung der Technik-Alternativen. Dort gibt es Überlegungen, ob die neue Technik vielleicht auch alternativ organisiert und angewandt werden könnte. Freilich weiß frau/man dort noch nicht, nach welchen Kriterien dies geschehen soll. Jedenfalls scheint die unbesehene Übertragung alternativer "dezentraler" Vorstellungen auf die neuen Informationstechniken nicht möglich zu sein, weil - siehe oben - der Gegensatz zentral/dezentral für Computersysteme aufgehoben ist: Je nach Organisation und Programmierung der Systeme können sie beides zugleich realisieren; und "small is beautiful" verliert angesichts der essentiellen Unsichtbarkeit weltzerstörerischer Systeme vollends allen Reiz.

Die jüngste Geschichte gibt einen Hinweis auf einen weiteren und unersetzlichen Bündnispartner. Ein Beispiel: Der Volkszählungsboykott war die historisch erste Variante einer "Volkserhebung" nicht durch, sondern gegen Informationstechnologie. Dabei verband sich liberales middle-class-Bürgertum mit grünen Alternativen, während sich das linke Establishment nach der intellektuellen Analyse der mutmaßlichen Aussichtslosigkeit eines eventuellen Widerstands vornehm zurückhielt.

Eine Forderung scheint mir kaum vermeidbar: Soll "Demokratie" auch unter den Bedingungen einer hochinformations-technisierten Gesellschaft realisiert werden können, darf keine gesellschaftliche Gruppe anderen ihre Technikgestaltungs-Wertvorstellungen aufzwingen dürfen.

Dies verbietet jegliche Verbindlichkeitserklärung irgendeiner materialen Anthropologie als Grundlage menschenrechtskonformer Technikauswahl und -gestaltung. Umgekehrt könnte eine demokratisch vermittelte Koexistenz mehrerer Anthropologien denjenigen gesellschaftlichen Technikkonsens erreichen, der als kritische Masse Technikgestaltung auch realisierbar erscheinen läßt.

Zehnte These

VORERST IST NUR EINE GROSSE KOALITION ALLER BETROFFENEN STARK GENUG, EINE SYSTEMKONFORME KORREKTUR ZU ERZWINGEN

Diese wenigen Beobachtungen fügen sich zu einem utopischen Szenario zusammen. Es gibt sechs oder sieben Gruppen in der Gesellschaft, die jede für sich ein je eigenes informationstechnisches Anliegen vertreten, zusammengenommen aber den demokratischen, d.h. hier pluralistischen Mindestbestand an Menschenrechtsverständnis in dieser Phase der technischen Entwicklung durchsetzen könnten. Vielleicht können sie einander die Hand geben.

- Da gibt es zuallerst den namenlosen Konsumenten, der die ganze Technik bezahlen soll; der beispielsweise über den vergifteten Köder eines vorgeblichen "Neuen Mediums Btx" seinen künftigen Heimarbeitsplatz vorfinanzieren soll, nachdem er mit überhöhten Teilgebühren bereits Verkabelung und Btx-Infrastruktur subventioniert hatte.

- Da gibt es zweitens die Arbeiterbewegung, die die Maschinisierungsfolgen mit hoher Kompetenz diskutiert. Freilich muß sie sich mit der neuen Arbeiterklasse der zweiten Industrialisierung, mit den deklassierten Angestellten, Ingenieuren, Beamten, Hausfrauen und Arbeitslosen zusammentun und diejenige Informationstechnologiepolitik fördern, die ihren Zielen dient.

- Da gibt es drittens das liberale Bürgertum, das, wenn es seine individualistische und idealistische Privatsphärenideologie einmal vergißt, durchaus Eigenständiges und von anderen Gruppen nicht zu Ersetzendes zur Verdatung zu sagen hätte.

- Des weiteren gibt es das unerschöpfliche theoretische und praktische Arsenal und Reservoir der linken Bewegungen, die vor allem das Wissen über Herrschaftsfolgen aus ihren langen Diskussionen Ende der sechziger Jahre einzubringen hätten. Sie müßten sich allerdings in die Niederungen der Technik begeben. Scheu vor Handarbeit brauchten sie jedoch bei den Informationstechniken nicht mehr zu haben!

- Die "Grünen", fünftens, hätten zusammen mit der Friedensbewegung das intellektuelle Rüstzeug zur Bekämpfung der lebensfeindlichen Großtechnologien - was auch für die Informationstechnik immer wichtiger wird, wie das eingangs zitierte Beispiel der militärischen Frühwarnsysteme zeigt.

● Was sechstens die Alternativen auszeichnet, ist ihre ungeheure und lässige Kreativität im Aufspüren "alternativer" Möglichkeiten der Organisation - auch dieser neuen, der Organisationstechnik?

● Siebtens und nicht zuletzt die hinsichtlich der Technik im allgemeinen und der Informationstechnik im besonderen immer noch "schlafende Riesin", die Frauenbewegung, könnte nun das als Überlegenheit einbringen, was sie bisher im Berufskampf gegen die Männer als Unterlegenheit verspürte: ihr Wissen und ihre Körpererfahrung von Phantasie, Gefühl, Intuition. Dazu müßte sie freilich ihre - wie sich zeigt berechtigte - instinktive Abneigung gegen die männische Technik überwinden. Gibt es Organisationsformen von Technik, die emotional und sozial indifferent oder sogar nützlich sind? - Vorerst jedoch steht den Frauen anscheinend das zweite große Gefecht bevor, das ihnen von der männlichen Kopfmaschinisierung aufgezwungen wird: der Angriff auf die "weiblichen" Eigenschaften des Menschen, sei er/sie Mann oder Frau. Genau sie werden an Informationstechnik-Arbeitsplätzen in Büro und Haushalt deformiert. Was die Frau dem in der "Außenpolitik" verschlissenen Mann voraushatte, wird nun durch die Informations- und Kommunikationstechniken frontal attackiert. Es gibt demnächst nur noch wenige heimische Herde, an die die sich vor dem Ansturm der zweiten Industrialisierung zurückziehen können.

Das wären einige der Gruppen, die in ein Gespräch miteinander eintreten sollten. Vorauszugehen hätte allerdings die unbequeme Einsicht, daß derzeit keine einzige dieser Gruppen allein für sich handlungsfähig ist. Jede braucht die Einsichten und die Durchsetzungsmöglichkeiten aller anderen. Bei der Organisation eines derartigen Handlungszusammenhangs mitzuhelfen, könnte Aufgabe eines Menschenrechts-Komitees in dieser Zeit sein.

Volker Gransow

Freizeit ohne Freiheit? Vom Privaten und der Technik

Kein Zweifel: die Unruh war die erste große Errungenschaft in der Geschichte der Beherrschung von Kraft. Die mechanische Uhr war ein überragender Triumph menschlicher Erfindungsgabe. Sie lieferte das vielleicht zentrale Werkzeug der wissenschaftlichen Revolution des 17. Jahrhunderts, sie ermöglichte moderne experimentelle Technik und ein Weltbild, das auf einer "Analogie des Mechanismus" beruhte. (1) Heute haftet der mechanischen Uhr etwas Museales an. Die Unruh ist längst mikroelektronisch ersetzt worden, die Uhrenindustrie wurde in den siebziger Jahren so umstrukturiert, daß Zehntausende ihren Arbeitsplatz verloren. Durch Mikroelektronik sind Produkte entstanden, die unter anderem Uhren neuen Typs sind: Die Rede ist vom harmlosen Gimmick ("Haft-Kleb-Clip-Uhr", "Bilderrahmen mit Wecker"), vom neuartigen Gebrauchsgegenstand ("Uhren-Kugelschreiber"), der Integration von Disziplin und Unterhaltung ("Uhrenradio") wie sogar von der mikroelektronischen Adaption "alternativer" Moden ("Bio-Rhythmus-Uhr"). Kurz gesagt, wir erleben eine Veruhrung des Lebens, mit der sinnfällig wird, daß wir uns in "Zeitnot" (2) befinden, daß ein detailliertes Zeitgliederungssystem ständig ausgebaut wird, dem sich die meisten Individuen mehr oder minder willfährig ein- und unterordnen. (3)

Die Veruhrung findet keineswegs ausschließlich in der Sphäre der Erwerbsarbeit statt, wo Zeitdisziplin zunächst beheimatet scheint. Ganz im Gegenteil: die Vielzahl der mikroelektronisch "veruhrten" Gegenstände läßt darauf schließen, daß es sich hier auch um eine Wandlung der "Freizeit" handelt. Will man Aussagen über die Richtung dieser Wandlung machen, muß freilich vorher gefragt werden, was denn die Essenz von "Freizeit" sei.

Es ist üblich, daß der quantitativ-formalen Bestimmung "Freizeit" ein qualitativer Sinn zugeschrieben wird. So entsteht aus der formalen Abgrenzung von Arbeits-Zeit und Frei-Zeit die substantielle Entgegensetzung von Arbeit und Freizeit, wird aus der ursprünglichen Quantität "Freizeit" eine "Arbeit" vergleichbare Qualität, eine "Tätigkeit". Dutzende von Freizeitdefinitionen basieren auf dieser merkwürdigen Kopplung, wobei der exakte Freizeitbereich immer unklar bleiben muß, da es innerhalb der Nicht-Erwerbsarbeitszeit selbstverständlich verschiedene Sinnzuschreibungen geben kann. Es kommt zu Wortschöpfungen wie "'freie Zeit' als Teil der 'Freizeit'" bzw.

"'Freizeit' als Teil der 'freien Zeit'", der "eigentlichen Freizeit" oder auch der "Halb-Freizeit". Gemeinsam ist all diesen Definitionen jedoch ein Verständnis von "eigentlicher Freizeit" als irgendeiner Variante von "Freiheit" bis hin zur Erfahrung alternativer Lebensformen. (4) So werden also "Freiheit" und "Zeit" zusammengezogen zur "Freizeit".

Dieser Anspruch auf eine Synthese von "Freiheit" und "Zeit" ist nach meiner Ansicht völlig berechtigt. Nur darf man ihn nicht privatistisch und individualistisch mißverstehen, indem "Freizeit" lediglich als überwiegend privat genutzte Zeit zur individuellen Gestaltung begriffen wird. Ihre Sprengkraft zeigt Freizeit erst dann, wenn sie als radikales soziales Bedürfnis interpretiert wird.

Radikale Bedürfnisse können in den gegenwärtig existierenden Gesellschaften grundsätzlich nicht befriedigt werden. Heute gilt die Regel, daß qualitative Bedürfnisse quantifiziert werden, daß aus Zweckbedürfnissen Mittelbedürfnisse werden und umgekehrt. Bedürfnistypen heterogener Qualität können sich nicht entfalten, folglich bleiben menschliche Genüsse unkultiviert, in zwischenmenschlichen Beziehungen dominieren Interessenverhältnisse. Die Bedürfnisstruktur der kapitalistischen Gesellschaft gehört also zu ihr und nur zu ihr. Ausschließlich radikale Bedürfnisse führen zur Umstrukturierung dieses Bedürfnissystems. Es ist allein der Kapitalismus fähig, Bedürfnisse zu schaffen, die zwar zu seinem Sein, aber nicht zu seinem Bedürfnissystem gehören.

Ein klassisches und zentrales Exempel hierfür ist das Bedürfnis nach Freizeit. Der Klassenkampf um disponible Zeit - Arbeitszeit oder Freizeit - kann im Rahmen des Kapitalismus bleiben. Gleichzeitig ist der Kapitalismus unfähig, die Arbeitszeit über einen bestimmten Punkt hinaus zu verkürzen. "An diesem Punkt wird das Bedürfnis nach Freizeit im Prinzip zu einem radikalen Bedürfnis, dessen Befriedigung nur durch die Transzendierung des Kapitalismus möglich wird." In diesem Zusammenhang "tritt der Charakter der radikalen Bedürfnisse' besonders plastisch hervor. Er wird vom Kapitalismus selbst, von der Antinomik des Kapitalismus hervorgebracht und gehört geradezu zum Funktionieren des Kapitalismus hinzu. Gleichzeitig mobilisiert dasselbe Bedürfnis die Arbeiterklasse zur Transzendierung des Kapitalismus." (5) Und nicht nur sie. Heute muß man eine Konzeption radikaler Bedürfnisse entwickeln, die offen ist: "Die Theorie der radikalen Bedürfnisse ... sucht den revolutionären Charakter einer Klasse, einer Gesellschaftsschicht, des politischen Programms einer Partei oder einer Bewegung nicht in deren Status an sich, sondern in ihren Bedürfnissen, in den ausgedrückten Inhalten, im Maß der Bewußtheit ... Die Theorie der radikalen Bedürfnisse sieht Subjekt und Objekt als Einheit innerhalb einer Theorie der Gesellschaftsveränderung an." (6)

Hier wird der menschliche Charakter radikaler Bedürfnisse besonders plastisch. Ist es doch Ziel einer weit verstandenen Konzeption von Menschenrecht, ein Leben für alle Menschen zu schaffen, in dem jede(r) menschliche Natur sich frei entwickeln kann.

In diesem Sinne kann der weitgehend im tagtäglichen Sprachgebrauch verwischte Freiheitsanspruch von Freizeit wiedergewonnen werden, das Bedürfnis nach Freizeit in eine praktische Kritik der herrschenden Verhältnisse umschlagen. Das Bewußtsein des Bedürfnisses nach Freizeit kann gerade dadurch geschärft werden, daß Freizeit immer mehr als Teil eines quasi-terroristischen Zeitgliederungssystems empfunden wird. Der Dauererfolg jenes Märchens, in dem den Menschen ihre gestohlene Zeit wiedergegeben wird, ist nur ein Indiz für diese Tendenz des Zeit-Empfindens.

Es wird immer mehr wahrgenommen, daß die erwähnte allfällige Veruhrung das lineare Zeitbewußtsein potenziert. Dabei handelt es sich nach Emert/Rinderspacher um dreierlei: Erstens wird die Tatsache, daß einer Sache prinzipielle Vorwärtsentwicklungen innewohnen können, zu ihrer wichtigsten Eigenschaft und zum Maßstab ihrer Beurteilung; zweitens wird die Zeitverkürzung betont, die mögliche Verringerung der für den einzelnen Handlungsvollzug vorherzusehenden Zeiteinheit. So können Zeitersparnis und Pünktlichkeit als Leistung gelten. Drittens erscheinen als Leistung nicht Inhalte, sondern zeitliche Bestimmtheiten. Man hat immer zu wenig Zeit.

Wie die Freizeit im Zeitgliederungssystem scheint das Privatleben in einem Strukturwandel von Öffentlichkeit unterzugehen. Schon 1962 hatte Jürgen Habermas festgestellt, daß bürgerliche Öffentlichkeit zerfällt: "Der Resonanzboden einer zum öffentlichen Gebrauch des Verstandes erzogenen Bildungsschicht ist zersprungen; das Publikum in Minderheiten von nicht-öffentlich räsonierenden Spezialisten und in die große Masse von öffentlich-rezipierenden Konsumenten gespalten." (7) Natürlich hat eine Öffentlichkeit als der Rahmen, in dem diskutierende Privatleute politisch fungieren, nur in der Idee existiert und gehörte zur Struktur dieser Öffentlichkeit die Ausgrenzung von Produktion, d.h. das Privateigentum an Produktionsmitteln galt eben als privat, mithin nicht-öffentlich. Trotz solcher Korrekturen bleibt Habermas' Resümee des Öffentlichkeitszerfalls gültig, demzufolge über die "kulturindustriellen Selbstverständlichkeiten" die "nicht-öffentlichen Meinungen" durch die "öffentlich manifestierten" dem bestehenden System integriert werden. (8)

Soweit seinerzeit Habermas. Heute geht es zusätzlich darum, daß durch Unterhaltungselektronik Verbundsysteme entstehen, in denen Lebenstätigkeiten wie Hören, Sehen, Sich-Begegnen auseinandergerissen und neu zusammengesetzt werden. Es werden nicht lediglich Meinungen, Fähigkeiten, Bedürfnisse, Interessen, sondern ganze Lebenszusammenhänge mikroelektronisch vororganisiert. Gleichzeitig werden sie vom Praxiszusammenhang möglicher selbstbestimmter Ausdrucksformen abgelöst. (9) Das soll im folgenden an verschiedenen Beispielen demonstriert werden. Vorab aber der Hinweis auf praktisch-kritische Gegentendenzen. In der Alternativkultur, die durch die Suche nach anderen Existenzformen gekennzeichnet ist, wird ebenfalls das Verhältnis von Privatem und Öffentlichem in Frage gestellt. Paradigmatisch wurde das einst für die Frauenbewegung formulierbar: "Die Frauenbewegung hat sich niemals damit begnügt, nurmehr einfache Gleichheit mit den Männern zu fordern im Sinne von gleichen Rechten, oder auch nur den Bezugsrahmen akzeptiert, in dem Marxisten die 'Frauenfrage' sahen. Statt dessen hat sie das Verhältnis von Macht untersucht, das zwischen den Geschlechtern besteht. Sie hat so dazu beigetragen, unser Konzept davon zu erweitern, wie Macht in einem entscheidenden Bereich des täglichen Lebens weitergereicht und ausgeübt wird. Das Persönliche ist hier politisch." (10)

Mag die subversive Qualität des Freiheitsanspruchs von Freizeit als radikalem Bedürfnis eher potentiell denn aktuell erscheinen, so ist andererseits die damit durchaus zusammenhängende Synthese von Privatem und Öffentlichem in einem solchen existentiellen Politikverständnis etwas durchaus Reales. Andererseits sollte man die Dimensionen der technischen Zusammensetzung des Privaten keinesfalls unterschätzen. Sie betreffen gleichsam - alles.

Es handelt sich um ein nur scheinbar paradoxes Allgemein-Werden von Isolation durch die Dazwischenkunft von Technik, nicht um die "massierte Masse", sondern die "aufgebrochene Masse", wie Günther Anders schon 1956 notierte. (11) So wird Musik zum integralen Bestandteil des Alltagslebens. Während der Hausarbeit wird Radio gehört, Schallplattenmusik begleitet die Schularbeiten, im Auto klingt das Autoradio. Zum Konsum und zur Arbeitsleistung reizt Musik in Kaufhäusern, Betrieben und Büros, im Flugzeug beruhigt sie vor dem Start. Zahllosen Freizeitbeschäftigungen kann Musik unterlegt werden, vom Ausflug bis zur Zugreise. "Musikhören ist zur wichtigsten Sekundärbeschäftigung geworden ... Bei etwa 75 Prozent des Musikhörens handelt es sich um Begleitmusik." (12) Nach Auffassung von Freizeitsoziologen paßt ständige Musikbegleitung sehr gut "zum neuen Grundverständnis der Freizeit, gleichgültig, ob man sie als Freiraum auffaßt, in dem man so viel Schönes wie möglich erleben möchte, oder ob man sie als integrierten Teil des gesamten Lebens versteht". (13) Wirklich? Ob es nicht auch darum geht, sich eine künstliche Distanz von der Umwelt zu verschaffen, sei diese nun menschlich, natürlich oder auch "nur" Verkehrslärm? Zum Ende der Massenmedien und ihrem Aufgehen in einem Syndrom technischer Vermittlung gehört, daß die Welt selbst zum Medium wird, daß sie bloß künstlich erfahren werden kann. Die Geräusche werden gedämpft, wie im Kino untermalt die Musik das Geschehen. Wenn es im Radio keine Musik geben sollte, dann greift man auf Kassetten zurück.

Die durch tragbare Kassetten-Recorder namens "Walkman" beförderte allgemeine Isolierung wird deutlich, wenn man in der Gebrauchsanweisung eines "Walkman" liest: "Wollen Sie sich bei aufgesetzten Kopfhörern bei der Musikwiedergabe mit Ihrem Partner unterhalten, so drücken Sie die Taste Talk und sprechen in das eingebaute Mikrofon. Die Lautstärke der Musik wird hierbei auf ein Minimum herabgedrückt, solange die Taste gedrückt ist." Es gibt gleichsam keinen Ruhepunkt im Leben der Narzißsten, der Vergleich mit autistischen Kindern scheint nicht mehr allzuweit hergeholt: "Obwohl die Narzißsten extrem selbstbezogen sind, sind sie doch nicht in der Lage, ihre eigenen Bedürfnisse zu erfüllen, da sie isoliert sind und, fast wie autistische Kinder, handlungsunfähig. In diesem Zustand der Angst, passiv und ohne die Fähigkeit, selbständig zu handeln, werden diese Menschen nahezu völlig abhängig von äußeren Reizen, sind angewiesen auf die unmittelbare Erfüllung ihrer Bedürfnisse. Sie verfügen über keine Fähigkeit, Widerstand zu leisten, zu warten und sich zu sammeln." (14) Natürlich muß dies nicht für alle "Walkmänner" gelten. Aber eine psycho-technische Tendenz zum Autismus ist nicht zu übersehen.

Ein weiteres Grundelement der Verknüpfung von Privatem und Öffentlichem nach dem Hören ist das <u>Sehen</u>. Hier steht der Umbau des Wohnzimmers zum Multivisionszentrum bevor. Eine schnelle Ausweitung des Video-Marktes wird allgemein angenommen. Nach meiner Meinung ist dabei das eigentliche Problem nicht durch ein Verbot von Video-Zombies zu lösen, die ja auf ihre Weise nur ein bestimmt gerastertes Bild der US-Wirklichkeit geben. Spezifische physiologische Vorgänge in den Augen und im Gehirn werden durch vom Bildschirm ausgehende Reize hervorgerufen, gleich welchen Inhalt das Programm bietet. Zum "Walkman" gesellt sich der "Watchman", bildschirmsüchtig und phantasielos. Selbst wer Postmans Thesen vom elektronischen "Verschwinden der Kindheit" gegenüber skeptisch ist, muß einräumen, daß so "Kinder und Erwachsene auf identische Weise mit Wiederholungen und Variationen des Immergleichen" versorgt werden können. (15)

Weit größere Faszination üben "Videoclips" aus, filmisch bebilderte Musikstücke aus Rock und Pop, die in der Tendenz den Musikfilm klassischen Typs zum Anhängsel des Videoclips machen. Man betrachte einmal die ARD-Clip-Sendung "Formel Eins". Neben vielem Monotonen sieht man plötzlich hochpolitische Agitation für die Befreiung von Nelson Mandela, man beobachtet in drei Minuten, wie sich "Madonna" unter den Brücken Venedigs vom Punk zur Braut wandelt ("Like A Virgin"), kann aber auch die schon kaum zu überbietende sexuelle Direktheit von "Frankie Goes To Hollywood" optoelektronisch reproduzieren: "If you want to relax, suck it ..." Der Schwarzweiß-Titel "Cry" von Godley & Creme hingegen ist textlich und musikalisch belanglos, zeigt aber, wie sich ein Kopf pausenlos in einen anderen verwandeln kann, vom Baby bis zum

Penner, ohne daß die optischen Übergänge noch erkennbar wären. Dabei kann "Formel Eins" den jugendlichen Bedarf kaum decken.

In den USA gibt es bereits auf Videoclips spezialisierte TV-Sender. Die Faszination ergibt sich aus der Chance, Musik und Film zu einem neuen Ganzen zu vereinigen. Doch leider gilt in der Realität: "Laufend neu aufbereitete, inhaltslose Stimuli durch verblüffende Bildfolgen und -arrangements, hochtourige Arbeit des Wiedererkennens und Vervollständigung von ebenso inhaltslosen wie hektisch hingeworfenen Versatzstücken, Handlungssplittern, Symbolismen, Formtrümmern. Amok der Form, der, zu absoluter Konzentration kombiniert, zu absoluter Zerstreuung nötigt. Wichtig ist nicht, was wir sehen ..., sondern wie wir es tun: intensivste Bewußtseinsarbeit, die keine Erfahrungen produziert. Das ist zugleich Notwendigkeit und Dilemma des Videoclips als eines Produkts, das sein eigener Werbeträger ist." (16)

Oft werden in den Videoclips Motive aus Videospielen übernommen. Gerade jugendliche Männer erleben Videospiele als Erlebnisersatz und isolierte Antworten auf isolierte Fragen. Von den Videospielen führt ein gerader Weg zum spielsüchtigen Programmierer, dessen Freude die Scheinopposition des "Hackens", letztlich aber nur Befriedigung von Techniksucht ist. F.G. Johnson beschreibt das so: "Das Programm bildet sozusagen ein Reich der Erfahrung jenseits der Erfahrung, dessen Geschlossenheit nicht nur die Lebensgeschichte des Programmierers, sondern auch seine Triebhaftigkeit ausklammert. Erreicht der Programmierer den ersehnten Zustand der Virituosität im Umgang mit der Maschine, so bedeutet das, daß eine Grenze überschritten ist; die Vergessenheit, in die die physische Anlage mithin der sie bedienende Körper gerät, ist die Vergessenheit der 'alten Welt' ... Dieses Vergessen ist aber eigentlich kein Vergessen der triebhaften Bedürfnisse, sondern stellt deren globale Verdrängung dar, und der Reiz des Programmierens besteht eben darin, daß man, indem man sich in die symbolisch abgeschlossene Welt des Programms begibt, dort des Triebhaften Herr zu sein wähnt." (17)

Das technotronisch neu vermittelte Verhältnis von Privatheit und Öffentlichkeit zeigt sich auch und gerade im klassischen Bereich des "Privaten", nämlich der Wohnung. Das gilt einmal für die Technisierung der Hausarbeit. Bereits heute gibt es in jeder Privatwohnung durchschnittlich 15 bis 20 Mikroprozessoren, etwa im Kühlschrank, der Tiefkühltruhe, der Spülmaschine, dem Fernsehgerät, dem Fotoapparat, dem Taschenrechner. Videorecorder stehen schon in mehr als jedem zehnten Haushalt. Bald werden Bildschirmtext und Kabel hinzukommen. Das bedeutet vor allem für Frauen eine Tendenz, die Hausarbeit auf das "technische Niveau der spätindustriellen Gesellschaft zu heben und die Fluchtburg privater Freizügigkeit an die Rationalitätsstruktur der übrigen Lebens- und Erwerbssektoren anzupassen. Nicht nur die praktische Hausarbeit, nein, auch die kommunikativen und organisierenden Arbeiten in der Familie erfahren eine entsprechende Entlastung, Standardisierung und Anonymisierung". (18) Dazu gehört die geplante elektronische Heimarbeit, wobei der Heimcomputer jene Brücke darstellt, mit deren Hilfe Erwerbsarbeit in den Haushalt reintegriert werden soll. Für die große Zahl der künftigen Heimarbeiterinnen dürften die Befürchtungen zutreffen, daß Isolation, Stärkung der Konzentration auf "Hausarbeit" und zunehmende individuelle Belastung Hauptfolgen einer massiven Einführung der Teleheimarbeit sein werden. Mit der Verkabelung der Bundesrepublik wird elektronische Heimarbeit in großem Umfang möglich, mit anderen Worten: die ehemalige "Fluchtburg des Privaten" wird zur Stätte einer elektronisch vermittelten Frauenausbeutung großen Stils.

Die eben skizzierten Nachteile einer technologischen Veränderung des Privaten scheinen weit gravierender zu sein als mögliche Vorteile, die knapp erwähnt werden müssen: Gründung genossenschaftlicher Computergruppen zur Telearbeit; Bildung von Hackergruppen, welche die Anfälligkeiten der Elektronik demonstrieren; kreativer Umgang mit Video durch Selbsthilfe-Organisationen; Entwicklung subversiver Videoproduktionen.

Nein, ein anderes Verhältnis von Privatheit und Öffentlichkeit, die Artikulation eines radikalen Freizeit-Bedürfnisses muß primär nicht elektronisch organisiert sein. Ich meine damit die eingangs erwähnten Bewegungen, die nicht in festen Institutionen organisiert sind und die einen existentiellen Politikbegriff vertreten, der dem der herrschenden "Wachstums-Sicherheits-Allianz" entgegengesetzt ist. Ihre eigene Öffentlichkeit ist zwar teilweise technisch vermittelt, aber desgleichen Teil einer Gesprächskultur, die sich in Meinungsknöpfen, Aufklebern und Graffitis manifestiert. Zu ihr gehören technisch-skeptische Elemente, wie die Anti-Kabel-Gruppen, die Volkszählungs-Boykott-Gruppen, "Bürger beobachten die Polizei". Zusammen mit kritischen Teilen der Gewerkschaften könnte sich hier der Kern einer Bewegung gegen eine technische Neuzusammensetzung des Privaten entwickeln. Freizeit als radikales Bedürfnis, Privates als Politisches - daraus könnten diese Menschen dann konkrete politische Ziele ableiten, wie Priorität sozialer vor technokratischen Problemlösungen, Erhalt und Ausbau bestehender Alltagskulturen, Widerstand gegen Verkabelung, Unterstützung gebrauchswertorientierter Technik.

Je radikaler solche Bedürfnisse vorgetragen und hoffentlich auch befriedigt werden, desto eher wird der Zusammenhang von Freiheit und Freizeit statt einer leeren Worthülse Wirklichkeit werden. Dann geht es nicht mehr um technisch vermittelte Nutzung von Zeit zur Reproduktion, Suspension und Kompensation von Zwängen gleichfalls entfremdeter Erwerbsarbeit, dann wird Freizeit zur Befreiungszeit.

Anmerkungen

(1) Vgl. Joseph Needham, Wissenschaftlicher Universalismus. Über Bedeutung und Besonderheit der chinesischen Wissenschaft, Frankfurt 1977, S. 203 ff.

(2) Vgl. Christa Müller-Wichmann, Zeitnot. Untersuchungen zum "Freizeitproblem" und seiner pädagogischen Zugänglichkeit, Weinheim/Basel 1984

(3) Vgl. Rudolf Wendorff, Zeit und Kultur. Geschichte des Zeitbewußtseins in Europa, Opladen 1980, S. 662 f.

(4) Vgl. Hans-Werner Prahl, Freizeitsoziologie. Entwicklungen - Konzepte - Perspektiven, München 1977, S. 33

(5) Agnes Heller, Theorie der Bedürfnisse bei Marx, Berlin 1976, S. 103 f.

(6) Agnes Heller, Das Leben ändern. Radikale Bedürfnisse - Frauen - Utopie, Hamburg 1981, S. 140 f.

(7) Jürgen Habermas, Strukturwandel der Öffentlichkeit, Neuwied/ Berlin 1969, S. 192

(8) Vgl. ebenda, S. 270

(9) Vgl. Oskar Negt, Öffentlichkeit. In: Handlexikon zur Politikwissenschaft, München 1983

(10) Sheila Rowbotham, Nach dem Scherbengericht. Über das Verhältnis von Feminismus und Sozialismus, Berlin 1981, S. 87 f.

(11) Vgl. Günther Anders, Die Antiquiertheit des Menschen, Bd. I, Über die Seele im Zeitalter der zweiten industriellen Revolution, München 1956, S. 101 f.

(12) Engelbertine Martin u.a., Freizeitverhalten, Hamburg 1983, S. 101 f.

(13) Vgl. ebenda, S. 103

(14) Wolf-Dieter Narr, Das Ende der Persönlichkeit. In: Leviathan, Heft 1/1980, S. 121

(15) Heinz Hengst, Kinder und Massenmedien - Denkanstöße für die Praxis, Heidelberg 1981, S. 49

(16) Markus Sieber, Kolonialisierung der Phantasie. Zur Ökonomie

und Ästhetik der Videoclips. In: Deutsche Volkszeitung vom 7.9.1984

(17) "Frankfurter Allgemeine Zeitung" vom 28.4.1984

(18) Doris Janshen, Wenn "Tippen" zur Textverarbeitung wird. Anmerkungen für eine feministische Technikkritik. In: Mitteilungsblatt des Deutschen Akademikerinnenbundes, Heft 65/1984, S. 54

Gerd Schwandner

Standardisierung der Krankheit. Zur techno-bürokratischen Verwaltung des Rechts auf Gesundheit

"Was nicht verdinglicht ist, sich nicht zählen und messen läßt, fällt weg." (Theodor Adorno, Minima moralia)

Wirtschaftskrise und steigende Sozialkosten

Die beiden Hauptthemen der gegenwärtigen Sozialpolitik sind zum einen die anhaltende Massenarbeitslosigkeit und zum anderen die steigenden Krankheitskosten. 1970 betrugen diese noch 70,3 Milliarden DM. 1981 hatten sich die Kosten des Gesundheitswesens nahezu verdreifacht. In diesen Kosten sind auch die Ausgaben der Lohnfortzahlung im Krankheitsfall, Krankengeld und Renten - bei krankheitsbedingter vorzeitiger Verrentung - enthalten. Sie machen 1980 (56,5 Milliarden DM), 1981 (63 Milliarden DM) gut ein Viertel des Gesamtbetrages aus. Das restliche Dreiviertel der Krankheitskosten, das auf Gesundheitsleistung beruht, geht in das Bruttosozialprodukt ein. (1)

Diesen steigenden Gesundheitskosten versuchte die sozialliberale Koalition 1977 mit einem Kostendämpfungsgesetz zu begegnen, allerdings bis 1981 ohne Erfolg. Dies war auch nicht verwunderlich, zumal die Profiteure des Gesundheitswesens (die Ärzteschaft, Pharmaindustrie, Großgeräteindustrie und Krankenkassen) sich nie auf ein gemeinsames Konzept einigen konnten. Ein Stillstand der Kosten hätte für die ersten drei Genannten auch Einkommenseinbußen bedeutet.

Ursächlich bestimmen Zivilisationskrankheiten zunehmend die Gesundheitsaufwendungen und sind deswegen als Schadenskosten eines defizitären Umweltschutzes anzusehen. Bisher ist es noch nicht möglich, die Expansion der Ausgaben des Gesundheitswesens exakt einzelnen Ursachen, Krankheitsbildern und spezifischen Verursachungsmechanismen zuzuordnen. Bei den heute am weitesten verbreiteten Zivilisationskrankheiten wie Krebs, Herz- und Kreislaufkrankheiten, die im Jahre 1976 bereits 85 % der Todesursachen ausmachten, handelt es sich um Krankheiten, deren Entstehung durch das Zusammenwirken komplexer Faktoren bedingt ist. Hierbei spielen zweifellos Grundcharakteristika unserer industriegesellschaftlichen Zivilisation die zentrale Rolle. Hierzu gehören die Belastungen unserer Umwelt, gesundheitsschädliche Arbeitsbedingungen, streßintensiver Lebens- und Arbeitsstil, gesundheitsschädliche Verhaltensmuster, wie zuviel Rauchen, zuviel Alkohol, schlechte Ernährung und unzureichende Bewegung. Hingewiesen sei an dieser Stelle auf die Diskussion über die Luftbelastung mit Schadstoffen und das Auftreten von Pseudo-Krupp-Husten.

Als eine weitere Ursache für den Anstieg der Gesundheitskosten, die allerdings nicht quantifizierbar ist, gilt die zunehmende Verrechtlichung der Medizin: sprich die "Defensivmedizin". Manche Ärztin, mancher Arzt stellt schon vor Beginn der Behandlung Überlegungen an, wie sie/er wohl in einem denkbaren Streitfall vor Gericht dasteht. Dieser Prozeß ist vor allem in den USA sehr weit fortgeschritten. Chirurgen zahlen horrende Summen an Versicherungsprämien. Diese defensiv betriebene Medizin verlangt auch vor der Durchführung kleinerer Eingriffe eine große Zahl von Untersuchungen im Labor und der Röntgenabteilung. Die Ergebnisse dieser Untersuchungen dienen vor allem der Dokumentation für die spätere Beweissicherung. So wird in der Bundesrepublik mehr geröntgt als in anderen Ländern. Daß sich das Arzt-Patient-Verhältnis verändert, wenn sich die beiden von vornherein als zukünftige Kontrahenten in einem Prozeß verstehen, liegt auf der Hand. Eine Diskussion über eine solche defensive Medizin findet jedoch innerhalb und außerhalb der Medizin nach wie vor kaum statt. (2)

Gleichzeitig mit den Kostendämpfungsgesetzen wurden von der sozialliberalen Koalition allgemeine sozialpolitische Maßnahmen eingeleitet, mit dem Ziel, die Kosten des Sozialstaates zu senken. Nach der rechtskonservativen Wende 1982 wurde dieser Prozeß erheblich beschleunigt und verschärft. Durch ein Bündel von über 250 gesetzgeberischen Maßnahmen 1982 bis 1984 wurde eine drastische Sozialdemontage eingeleitet. (3)

Das soziale Netz zerreißt immer mehr. Trotz steigender Arbeitslosigkeit verzeichnet die Bundesanstalt für Arbeit einen Rückgang ihrer Ausgaben. 1983 betrug der Anteil der Arbeitslosen bereits 20 bis 25 % aller Sozialhilfeempfänger.

Die bisherige Sicherung der Sozialhilfe durch einen "Warenkorbstandard", der das Bedarfsprinzip zur Grundlage hatte, bedeutete trotz seiner quantitativen Unzulänglichkeit jedoch einen gewissen gesellschaftlichen Fortschritt. Dieser Warenkorb-Standard soll jetzt jedoch in Richtung eines Statistik-Standardes verändert werden. Der Statistik-Standard soll über dem Verbraucherverhalten vergleichbarer unterer Einkommensgruppen ansetzen. Durch einen Statistik-Standard ist es möglich, einen Sicherheitsabstand zwischen Sozialhilfe und den untersten Lohngruppen zu erhalten. (4)

Erste Erfolge der Kostendämpfungsgesetze und der gleichzeitig betriebenen Sozialdemontage zeigten sich im Stillstand der Krankheits-

kosten 1982 und 1983. Sichtbarer Ausdruck dafür waren Beitragssenkungen der Krankenkassen von 12 % im Jahre 1982 auf 11,45 % zu Anfang des Jahres 1984, im Durchschnitt aller Krankenkassen. Drei bis vier Milliarden DM sind den Beitragszahlern dadurch erspart worden. Dies war möglich, weil je Mitglied der Anstieg der Leistungsausgaben hinter der Grundlohnentwicklung deutlich zurückblieb.
Zu den Ursachen schreibt Franz-Josef Oldiges, Geschäftsführer des Bundesverbandes der Ortskrankenkassen: "Es scheint sich mehr und mehr zu bestätigen, daß die rezessive Wirtschaftsentwicklung zu Anfang der achtziger Jahre und die sich daraus ergebenden Wirkungen auf das Verhalten bei der Inanspruchnahme und der Verordnung von Leistungen die überwiegende Ursache waren. Beginnend mit dem zweiten Halbjahr 1981 bis Mitte 1983 waren insbesondere die Leistungsausgaben für die Erwerbstätigen rückläufig. Vom 2. Quartal 1982 bis zum 1. Quartal 1983 waren sie sogar niedriger als in den entsprechenden Vorquartalen. Demgegenüber war bei den Rentnern ein wesentlich abgeschwächter Rückgang zu verzeichnen". (5)

Immer häufiger sind kranke Arbeitnehmer vor die Alternative gestellt, eine ärztlich verordnete Arbeitsruhe zu akzeptieren und damit möglicherweise ihren Arbeitsplatz zu riskieren, oder aber in krankem Zustand zur Arbeit zu gehen und dadurch Gefahr zu laufen, die Krankheit zu verschleppen. Anhand von Teilgruppen spezifischer Arbeitsunfähigkeitsdaten zeigte Maria Oppen (6), daß nur die kurzdauernden Krankheitsfälle zurückgegangen sind. Die Fälle mit einer Dauer von mehr als 6 Wochen haben dagegen zugenommen, was auf ein Aufschiebeverhalten der Beschäftigten schließen lasse, mit der Folge langjähriger und kostspieliger Heilungsprozesse. Auch die Verlängerung von Krankheitsepisoden bei stationären Behandlungen in Phasen der Arbeitslosigkeit weist in diese Richtung. Aus Angst vor dem Arbeitsplatzverlust wird das Recht auf Gesundheit nur verspätet, verzögert und unzureichend wahrgenommen. Eine parallele Entwicklung zeigt sich im Bereich der Kuraufenthalte. Durch drastische Maßnahmen 1981 kam es zu einem rapiden Rückgang der Kuraufenthalte - mit allen entsprechenden Folgen für die Kurorte (Arbeitsplatzverluste).

1984 kam es zu einer erneuten Expansion der Gesundheitskosten.
Im ersten Quartal 1984 stiegen die Ausgaben um 8,1 % um rund 5%-Punkte über der Grundlohnsteigerung. Der Anstieg der Medikamente auf 15,7 % der gesamten Leistungausgaben der gesetzlichen Krankenversicherung zeigte dabei die höchste Steigerungsrate. (7)

Ursache für die steigenden Kosten ist neben der anhaltenden wirtschaftlichen Krise auch das Verhalten der Ärzte. Immer mehr Ärzte steigern ihr Einkommen unbeeindruckt von der Marktlage munter weiter, "weil die Ärzte es verstehen, ihren Patienten einfach mehr - und teure - Behandlung zu verpassen". (8)

Ebenfalls ist die Pharmaindustrie nicht bereit, der Ausgabenexpansion im Arzneimittelbereich Einhalt zu gebieten. Das Scheitern der letzten Runde zur Kostendämpfung im März 1985 war deswegen vorprogrammiert. Die Konsequenz daraus ist, daß Bundesarbeitsminister Blüm (CDU) jetzt neue Formen der Selbstbeteiligung der Versicherten an den Krankheitskosten erproben will.

Die Selbstbeteiligungsdebatte und die Diffamierung der Betroffenen

Als flankierende Maßnahme ist die immer wieder aufflackernde Diskussion um eine Selbstbeteiligung der Betroffenen an ihren Krankheitskosten anzusehen. Vor allem die FDP will durch die Selbstbeteiligung eine sogenannte "Eigenverantwortung" stärken. Ministerpräsident Späth von Baden-Württemberg (CDU) forderte in seiner Regierungserklärung vom 18. Juni 1984 ebenfalls "mehr Eigenverantwortung und Mitmenschlichkeit". Dies gelte auch und insbesondere im Gesundheitswesen.

Das Argument der Eigenverantwortung unterstellt denjenigen, die sich nicht selbst beteiligen wollen, unverantwortliches Handeln. Dahinter steht ein Krankheitsverständnis, das Krankheit lediglich als individuelles Geschehen wahrnimmt. Mit moralisierenden und diffamierenden Appellen sind die Kosten im Gesundheitswesen jedoch nicht zu senken. Überlegungen, wie der Versicherungsschutz im Krankheitsfalle gelockert werden kann, finden deswegen zunehmend Raum. Einige Vorläufer sind bereits in die Praxis umgesetzt, auch wenn die derzeitigen wirtschaftlichen Konsequenzen noch gering sind.

Manche Maßnahmen zur Kostendämpfung sind paradoxerweise sogar mit einer Steigerung der Kosten verbunden. So werden derzeit in den ersten 14 Tagen eines Krankenhausaufenthalts pro Tag DM 5.-- vom Patienten abkassiert. Der Verwaltungsaufwand pro DM 5.-- je Tag beträgt jedoch DM 12.-- bis DM 15.--. Begründet wird solche Selbstbeteiligung auch damit, daß die Bürger unentwegt etwas vom Staat fordern, ohne selbst dafür etwas zu tun. Deshalb sollen sie sich jetzt an den Kosten beteiligen.

Bei dieser Argumentation wird unterschlagen, daß die Krankenkassenbeiträge ohnehin inklusive des Arbeitgeberanteils von den Beschäftigten aufgebracht werden! Theoretischer Hintergrund dieser moralischen Diffamierung ist das Verständnis der neuen Konservativen, die kapitalistische Krisen nicht wirtschaftspolitisch erklären. "Die Millionen von Arbeitslosen, die vielen Pleiten, das Nebeneinander von Inflation und Wachstumsschwäche ist für sie nur die ökonomische Erscheinungsform einer ganz anderen Krise. Kohl selbst hat es uns in seiner ersten Regierungserklärung klar gemacht: 'Nicht der Kapitalismus als System sei in Schwierigkeiten; dem System sei nur der Atem ausgegangen unter der Last überzogener Ansprüche und Erwartungen. Deren kulturelle Inflation sei die wahre Ursache der Krise." (9)

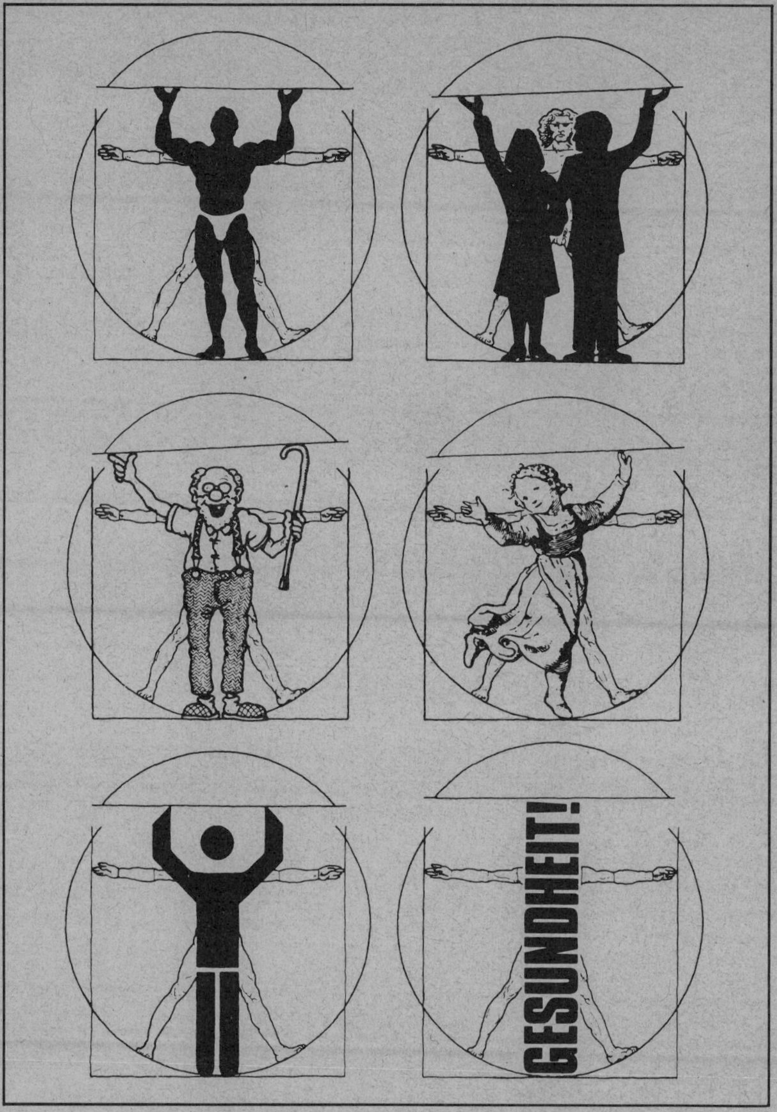
GESUNDHEIT!

Das Konzept der Selbstbeteiligung zielt demnach auf eine Änderung von Verhaltensmustern ab, die bekanntlich nicht nur vom formal-juristischen Tatbestand der Anspruchsberechtigung geprägt werden, sondern in viel stärkerem Maße von subjektiven Verhaltensdispositionen. Die pauschale Diffamierung der Inanspruchnahme von Leistungen erzeugt einen moralischen Druck, der mittel- und langfristig wohl auch wirtschaftliche Folgen zeitigen wird: eine geringere Inanspruchnahme von Gesundheitsleistungen, auch wenn sie notwendig sind, und das Ausgrenzen von Bevölkerungsgruppen aus der medizinischen Versorgung.

Die elektronische Datenverarbeitung als Voraussetzung zur Kostentransparenz

Das bisherige Gesundheitswesen ist "ungeordnet" organisiert durch eine Vielzahl von Krankenversicherungen, Beihilfen, unterschiedlichen Interessenslagen der daran Beteiligten. Diesem "Chaos" beizukommen, ist Ziel der elektronischen Datenverarbeitung im Gesundheitswesen. Die historischen Wurzeln der Datenerfassung reichen bis in die Zeit des Nationalsozialismus zurück. (10)

Nach den Vorstellungen der Gesundheitsbürokratie sind die Gesundheitskosten auch deshalb so hoch, weil ihre Organisation zu wenig transparent ist. Hier bietet der Einsatz von EDV auf allen Ebenen der Gesundheitsversorgung erstmals die Möglichkeit einer vollständigen Identifizierung aller Einzelabläufe.

Begründet wird der Einsatz von EDV z.B. mit einer Erleichterung für den Kassenarzt bei der Praxisverwaltung, vor allem bei der Abrechnung. Die Datenverarbeitung der Kassenärztlichen Vereinigung wird ebenfalls vereinfacht. Manipulationen, unabhängig von der Häufigkeit ihres Vorkommens, werden erschwert. Eine Wirtschaftsprüfung ist vollständiger und damit für den einzelnen Arzt gerechter möglich. Die leistungsbezogene Information und dadurch die Sach- und Dienstleistungsqualität kann bei den Leistungsträgern erleichtert werden. Die EDV soll ebenfalls in der Lage sein, eine aussagekräftige Planungs- und Entscheidungsbasis in Grundsatzfragen zu schaffen. (11)

Der Einsatz der EDV ist für die meisten Autoren problemlos. Für Hans Sendler stellen sich zunächst nur technische Probleme, die "lediglich von den beteiligten Menschen" abhängen würden. Für Sendler ist EDV und Transparenz auch medizinisch nicht bedenklich. Für ihn ist das Ziel der wirtschaftlich vertretbaren Qualität eine Forderung, die dem ärztlichen Handeln sehr verwandt ist. "Schlechte Therapie am richtigen Platz und gute Therapie am falschen Platz wirken sich gleichermaßen unwirtschaftlich aus. Qualität und Wirtschaftlichkeit sind im Gesundheitsbereich nicht notwendige Gegensätze, sondern neigen zur Deckungsgleichheit." (12)

Für Sendler ermöglicht erst die elektronische Datenverarbeitung eine qualitativ hochstehende Medizin, die Ärzte dann weiterhin ihr hohes Sozialprestige genießen läßt, welches sich immer wieder "auch in wirtschaftliche Vorteile umsetzen läßt, wenn Vertrauensdefizite, Mißtrauensansätze und Qualitätszweifel beseitigt werden können." Für Peter Atteslander ist der Einsatz von EDV die Voraussetzung, wenn der "Arzt Herr (!) der Entscheidung bleiben will". "Ohne moderne Informationstechnologie wird es nämlich gar nicht möglich sein, die notwendige Erreichbarkeit des Arztes zu gewährleisten, ihn überhaupt in die Lage zu versetzen, unabdingbare Autonomie in Zukunft auch ausüben zu können." (13) Sowohl Sendler als auch Atteslander betonen in ihren Formulierungen unterschwellig den herrschaftsstabilisierenden Charakter der EDV.

Der Einsatz von EDV im Gesundheitswesen wird in der Bundesrepublik zur Zeit in etwa 25 Modellversuchen erprobt. Grundlage all dieser Modellversuche, die in der Regel unter dem Stichwort Kostentransparenz laufen, ist der § 223 der Reichsversicherungsordnung, der sich mit der Überprüfung von Krankheitsfällen befaßt. (14) Bevor ich jedoch auf einen dieser Versuche eingehe, der technisch und organisatorisch am weitesten in die Zukunft weist, möchte ich den aktuellen Stand der EDV im Gesundheitswesen beschreiben.

Exkurs: Aktueller Stand der Datenverarbeitung im Gesundheitswesen

Der Ausbau der elektronischen Datenverarbeitung im Gesundheitswesen ist in Einzelbereichen schon sehr weit fortgeschritten. Die Krankenkassen betreiben schon seit Jahren Datenverarbeitung. Sie wird nach einem bundeseinheitlichen Programm stufenweise ausgebaut. Auch die Betriebskrankenkassen sind dabei, ein neues Datenverarbeitungssystem einzuführen. Zudem besteht bei den Krankenkassen eine starke Tendenz zur Zentralisierung der Daten. Die Diskussion über die wirtschaftlichen Auswirkungen der EDV ist bei den Krankenkassen auch am ausgeprägtesten. Zwei Aspekte werden hierbei besonders diskutiert. Zum einen die Frage der Machtverschiebung zwischen den Vertragspartnern - Krankenkassen und kassenärztliche Vereinigungen - und auf der anderen Seite Möglichkeiten zu einer betriebswirtschaftlichen Führung der Apparate. (15)

In nahezu allen größeren Krankenhäusern - etwa ab einer Größe von 200 Betten - wird Datenverarbeitung eingesetzt. Sie betrifft vorrangig die Gebiete Finanzbuchhaltung, Abrechnung, ambulante und stationäre Leistungen, Personalabrechnungen, Kosten- und Leistungsrechnungen sowie die Leistungserfassung. Im Bereich der bayrischen Universitätskliniken wird zudem die Datenverarbeitung im medizinischen Bereich eingesetzt. Zur klinischen Basisdokumentation mit Diagnoseschlüsselung, zur klinischen Datenerfassung, zur statistischen Auswertung medizinischer Massendaten, zu Therapiestudien, zur Führung von Registern (z.B. Tumorregister) zur speziellen klinischen Dokumentation und zur Unterstützung der Lehre, auch bei Prüfungsauswertungen. Auch wird die Datenverarbeitung zur halbautomatischen Berichterstellung, wie Operationsberichte, Arztbriefe eingesetzt. Auch in nicht universitären Kliniken werden zur Zeit Basisdokumentationen aufgebaut. In anderen Bundesländern wird die Datenverarbeitung ebenfalls zügig ausgebaut.

Am weitesten fortgeschritten ist die klinische Datenverarbeitung im Bereich der psychiatrischen Landeskrankenhäusern, die in Baden-Württemberg z.B. schon seit Jahren Daten erheben und zentral sammeln, wie z.B. die Universitätsklinik Freiburg für die psychiatrischen Landeskrankenhäuser von Baden-Württemberg. Angeblich sollen die heiklen Datenschutzprobleme hierbei in Baden-Württemberg zum Teil schon "gelöst" sein. Für die Erstellung von sogenannten Krankenhauskostenstudien wird die EDV noch kaum benutzt. In einer jüngst erschienenen Studie (16) fordert Breyer deswegen eine "Totalerhebung aller deutschen Akutkrankenhäuser". Diese Studie beeindruckt vor allem durch ihre rüde Sprache, wenn etwa der individuelle Patient unter "Stückkosten" geführt wird.

Die kassenärztliche Vereinigung betreibt seit Jahren Datenverarbeitung zur Abrechnung der kassenärztlichen Leistungen zur Erstellung von statistischen Unterlagen über die kassenärztliche Versorgung.

In Arztpraxen wird Datenverarbeitung bislang nur in sehr geringem Umfang betrieben. Zunächst scheint wenig dagegen zu sprechen, die Krankenscheine statt mit der Hand mit der Maschine zu beschriften, obwohl die sprichwörtlich unleserliche Arztschrift doch schon ein hohes Maß an Datenschutz ermöglicht. Gegenwärtig benutzen aber nur ganz wenige Kassenärzte die Datenverarbeitung zur Abrechnung mit den kassenärztlichen Vereinigungen. Die baden-württembergische Landesärztekammer plant,den Ausbau von Sichtgeräten und Computern in Arztpraxen voranzutreiben. Mit Hilfe eines Praxiscomputers können sämtliche Befunde, die Krankengeschichte, die diagnostischen und therapeutischen Schritte über den Computer abgewickelt werden. Möglich wäre, daß der Arzt ein Rezept verordnet und der Computer anhand der schon vorhandenen Daten die Verordnung daraufhin überprüft, ob nicht Gegenanzeigen für das Medikament vorliegen. An diesem kleinen Beispiel läßt sich schon zeigen, daß der Computer nicht nur eine Arbeitserleichterung bedeutet, sondern daß er gleichzeitig mit einer Dequalifikation des Arztes einhergehen kann.

Zur Abrechnung verlassen die Praxis bisher lediglich die Ziffern der Gebührenordnungen und die Diagnosen, wobei das letztere unter dem Aspekt des Arztgeheimnisses sicherlich fragwürdig ist. Insbesondere bleibt aber der empfindliche Bereich der Krankengeschichte, der Leidensgeschichte vollständig von einer Weitergabe ausgeklammert.

Bundesweit wird kommerziell vom Ärzteverlag in Zusammenarbeit mit einer Computerfirma Hard- und Software für die Privatberechnung der niedergelassenen Praxis angeboten. Im Bereich der Arztpraxen sind noch erhebliche "Marktchancen" vorhanden, in die die großen Firmen wie SEL, Nixdorf und Compomed eindringen. Die Firma Nixdorf warb auf der Therapiewoche im September 1984 in Karlsruhe mit dem Slogan: "Der Praxiscomputer ermöglicht eine lückenlose Leistungserfassung". Unverhohlen wirbt die Firma Nixdorf auch mit einem, allerdings negativ zu beurteilenden, Arbeitsplatzargument. Der Computer als Rationalisierungsmaßnahme! Die Unabhängigkeit des Arztes gegenüber seinem Personal muß gewährleistet sein. Er muß im Falle von Urlaub, Krankheit oder Kündigung disponieren können, ohne Informationsverluste befürchten zu müssen. (17)

Modellversuche überall - die Totalerfassung des Gesundheitswesens

Etwa 25 Modellversuche zur Kostentransparenz werden in der Bundesrepublik zur Zeit durchgeführt. Der Witz aller Transparenzunternehmen liegt schlicht in dem Verfahren, bisher noch nicht kombinierte Informationen zusammenzuführen. Waren bisherige Aussagen über die ambulante medizinische Behandlung aufgrund der bisherigen Abrechnungsmodalitäten nur ein "Stochern im Nebel", so sollen jetzt neue empirische Datengrundlagen erschlossen werden. Neben der Abrechnungskontrolle sind die Darstellungen sämtlicher Abläufe im Gesundheitswesen das Ziel der allgemeinen Verbesserungen. (18)

Die öffentliche, jedoch kaum kontroverse Debatte über diese Modellversuche beschränkt sich lediglich auf wirtschaftliche Aspekte. Streitig ist den verschiedenen Betroffenen lediglich, ob diese Modellversuche tatsächlich einen Spareffekt bewirken können. In der Debatte fehlt völlig die Frage, ob eine Totalerfassung des Gesundheitswesens zu einem Paradigmawechsel innerhalb der Medizin führen wird. Daß eine neue Technik mit einer veränderten Sehweise der Betroffenen einhergeht, hat ja z.B. Wolfgang Schievelbusch in seinem Buch über die "Geschichte der Eisenbahnreise" (19) überzeugend beschrieben. (20)

Vernachlässigt wird weiter die soziale Folgeabschätzung der neuen Technologien, wie z.B. Arbeitsplatzrationalisierung im Pflegebereich. Aus dem Kontext dieser Einwände heraus erscheint es mir lohnenswert, mich kurz, aber detailliert, mit einem dieser Modellversuche auseinanderzusetzen:

Unter der Projektträgerschaft des Sozialministeriums von Baden-Württemberg soll in Heilbronn ein Modellversuch "Leistungs- und Kostentransparenz in der gesetzlichen Krankenversicherung" durchgeführt werden. Ursprünglich sollte dieser Modellversuch bereits im Juli 1983 beginnen. Wegen erheblicher datenschutzrechtlicher Bedenken mußte der Termin verschoben werden. Der Versuch ist jetzt in einigen Teilbereichen im vierten Quartal 1984 angelaufen. Festgestellt werden soll, "wie das Leistungs- und Kostengeschehen in der gesetzlichen Krankenversicherung durchschaubar gemacht und mit welchem Erfolg aufgrund dieser Transparenz die Wirtschaftlichkeit in wesentlichen Bereichen des Gesundheitswesens verbessert werden kann". So die Projektbeschreibung. Beteiligt sind hierbei alle gesetzlichen Krankenkassen des Landkreises und der Stadt Heilbronn. Gegenstand der Untersuchung sind die Leistungen der Krankenkassen an jedem ihrer Versicherten in den Leistungsbereichen: ambulante Behandlung, Arzneimittelversorgung, Arbeitsunfähigkeit und Krankengeld, stationäre Behandlung, die Leistungen für Heil- und Hilfsmittel für Rehabilitation und Vorsorgemaßnahmen. Die kassenärztlichen Leistungen dagegen will man nicht einbeziehen. Der Modellversuch betrifft ca. 230.000 Versicherte. Bei den 50.000 Versicherten der Ersatzkassen geht es freilich nur um die Arzneimittelverordnungen.

Ursprünglich wollten die Krankenkassen drei Jahre lang alle in diesem Zeitraum anfallenden Leistungen in den geschilderten Lebensbereichen vollständig erfassen. Dieser Zeitraum ist jetzt auf ein Jahr verkürzt worden. Die Erfassung der Daten für ein Jahr wird voraussichtlich im Frühjahr 1986 abgeschlossen werden können. (21)

Gespeichert werden versicherungsbezogene Daten der Mitglieder und Familienangehörigen: Geschlecht, Geburtsjahr, Versicherungsart, Versicherungsstatus, Beitragsgruppe, Tätigkeit und Arbeitsstätte. Ferner wird eine Datei der stationären Behandlung eingerichtet. In ihr werden der einweisende Arzt, das Krankenhaus, Beginn und Ende des Aufenthaltes, Leistungsart und erstattete Kosten gespeichert. Eine weitere Datei wird über die Arbeitsunfähigkeits- und Krankengeldfälle erstellt. Letztlich entsteht eine Datei der ambulanten ärztlichen Leistungen. (22)

Ursprünglich war sogar geplant, die gespeicherten Daten jedes Versicherten über eine den Einzeldateien verschlüsselte Versicherungsnummer zusammenzusetzen. Über eine Referenzliste hätte dann festgestellt werden können, welche Person jeweils hinter einer Versicherungsnummer steht!

Das Lenkungsgremium des Modellversuchs hat folgende Untersuchungsziele beschlossen:
- Entwicklung von Indikatoren für die Überprüfung von geeigneten Krankheitsfällen (§ 223 RVO)
- Verbesserung der Wirtschaftlichkeitsprüfung in der kassenärztlichen/vertragsärztlichen Versorgung, einschließlich einer verbesserten Arzneimittelinformation der Ärzte
- Verbesserung der Krankenhausbedarfsplanung und Entwicklung von Konzepten für die Überprüfung der Wirtschaftlichkeit der Krankenhauspflege (Rationalisierung)
- Verbesserung der Arbeitsbedingungen aufgrund der Bestimmung von Leistungs- und Kostenschwerpunkten infolge überdurchschnitt-

licher Belastung der Gesundheit der Versicherten am Arbeitsplatz
- Verbesserung des Abrechnungsberichtswesens der Krankenkassen

Der Modellversuch verläuft in vier Phasen:
Phase 1: Definitionsphase
Phase 2: vorbereitende Untersuchungen mit anonymen Daten
Phase 3: modellhafte Erprobung von Untersuchungen im Verwaltungsvollzug
Phase 4: abschließende gemeinsame Bewertung.
Mit den erhobenen Daten lassen sich dann eine Reihe gezielter einzelner Untersuchungen durchführen. Beispielhaft seien zwei Untersuchungen erwähnt:
1. Altersstruktur der Patienten eines Arzte und deren Behandlungskosten
2. Versicherte mit häufiger Leistungsinanspruchnahme und besonders hohen Behandlungskosten in einem Quartal oder Kalenderjahr.

An einem Beispiel möchte ich verdeutlichen, was dies heißen kann. Geht ein Versicherter in einer Woche zu mehreren verschiedenen Ärzten und läßt sich z.B. mehrere Rezepte ausstellen, so wäre dies für die Krankenkasse ein Anlaß, den Versicherten auf dieses "unökonomische" Verhalten hinzuweisen. Die Frage nach dem Lebenswandel des Versicherten liegt dann auf der Hand. Von hier bis zur Forderung einer Regreßzahlung wäre es dann nur noch ein kurzer Weg. Aber allein das Vorladen durch die Krankenversicherung dürfte einen abschreckenden Effekt auf die Betroffenen haben. Spätestens nach der dritten Vorladung wird der/die Betroffene überlegen, ob er/sie das vierte Mal zum Arzt geht.

Bisher war es den Krankenkassen nicht möglich, alle durch den Versicherten in Anspruch genommenen Leistungen wie Krankenscheindaten, Rezepte und übrige Daten zusammenzufügen. Die Krankenkassen konnten also bisher nicht ermitteln, welcher Versicherte welche Leistungen wann und wie oft erhalten hat. Erst durch das Zusammenführen all dieser Daten lassen sich Individualprofile erstellen. Erst mit Hilfe dieser Individualprofile ist dann eine Individualsteuerung möglich.

Dieser Modellversuch wurde von Anfang an von unterschiedlichen Seiten kritisiert. Einerseits wehrte sich die offizielle Ärzteschaft anfänglich gegen den Modellversuch. Dem AOK-Chef von Heilbronn wurde vorgeworfen, daß er den Modellversuch in Verbindung brächte mit einer Vielzahl von betrügenden Ärzten (23), denn es ist ja in der Tat möglich, durch die Zusammenfassung all dieser Daten, auf einem verläßlichen Niveau betrügerisches Verhalten aufzudecken und dann auszuschließen. Wobei allerdings Sendler zeigt, daß die Ärzteschaft nur dann ihr hohes Sozialprestige und die ökonomischen Vorteile weiter genießen kann, wenn Mißtrauensansätze beseitigt sind. Konservative Ärzteverbände wie der Hartmann-Bund befürchten durch diese Modellversuche eine Machtverschiebung zuungunsten der Kassenärzte. Für den Hartmann-Bund liegen die Hauptfaktoren einer überproportionalen Kostenentwicklung in der ständig steigenden Lebenserwartung der Bevölkerung, die zwangsläufig eine höhere Behandlungsbedürftigkeit bedingt. Ferner im sogenannten forschungsbedingten medizinischen und technischen Fortschritt, der eine ständige Ausweitung der Behandlungsmöglichkeiten nach sich zieht, sowie in der ständig zunehmenden Arztdichte, die die Behandlungskapazität ständig vergrößert und gegen die der Staat keinen Finger rührt! (24)

Der Glaube an den medizinischen Fortschritt durch Technik ist bei konservativen Ärztebünden dennoch ungebrochen. Oppositionelle Ärztelisten wie die "Unabhängige Liste demokratischer Ärzte" sahen von Anfang an die Gefahr, daß der Modellversuch "im wesentlichen" dazu dient, die wissenschaftliche Legitimation für einen weiteren Abbau von Sozialleistungen zu liefern. Darüber hinaus müsse befürchtet werden, "daß die Ermittlung von Wirtschaftlichkeitsstandards zu gravierenden Eingriffen in die Diagnostik und Therapie des einzelnen Arztes führen, sowie das Recht des Versicherten auf eben diese Leistungen von Sachfremden über sachfremde Erwägungen und Einschränkungen betroffen sein können". (25)

Scharfe Kritik kam auch von der Datenschutzbeauftragten des Landes Baden-Württemberg, Ruth Leuze, die in ihrem vierten Tätigkeitsbericht (26) den Betreibern des Modellversuchs vorwarf, daß sie global Daten speichern, ohne ein genaues Ziel für die Datenspeicherung angeben zu können. Die Gefahr einer mißbräuchlichen Verwendung der gespeicherten Daten sei somit nicht ausgeschlossen. Daraufhin haben die Betreiber die Projektbeschreibung mehrfach geändert. Die Transparenzdatenbestände erhalten jetzt keine Angaben, welche die Identifikation eines einzelnen Versicherten erlauben. Auch die Ärzte, Apotheker und andere Leistungserbringer werden chiffriert, wobei lediglich die Ärzte dechiffriert werden können. Die Chiffrierschlüssel werden im Sozialministerium verwaltet.

Nach den geklärten Datenschutzfragen dürfte es den Betreibern des Modellversuchs gelingen, gerade durch das Einhalten der gesetzlichen Bestimmungen im Sinne des Datenschutzes einen juristisch völlig korrekten Versuch durchzuführen und damit von den tatsächlichen politischen Zielen, d.h. dem Beitrag zur Sozialdemontage, die in der ersten Projektbeschreibung unverhohlen erwähnt worden war, abzulenken. Das anonyme Datenmaterial schafft so "objektive Sachzwänge" - das Sparen umfaßt jeden Preis -, die einer demokratischen Kontrolle und einem politischen Diskurs nur schwer zugänglich sind.

Das Ergebnis eines solchen Modellversuchs, auch bei anonymisierten Daten, wird mithin sein, daß ein gewisser Prozentsatz von Versicherten und Ärzten ein "unwirtschaftliches" Verhalten zeigt. Dies wäre dann für die Betreiber der Anlaß, in der zweiten Phase "Untersuchungen zur personenbezogenen Untersuchung der Ergebnisse" (27) durchzusetzen, um dann durch korrigierende Individualsteuerung ein wirtschaftlicheres Verhalten der Betroffenen zu erzielen.

Die Modellversuche sind systemkonform, was die Betreiber auch immer betonen, weil sie die Unebenheiten des Gesundheitswesens hinwegglätten mit ihrer scheinbaren sachlichen Solidarität. Sie dienen, wie Atteslander und Sendler von einer konservativen Seite her belegen, vor allem der Stabilisierung der Herrschaftsverhältnisse. Die Macht der Profiteure wird nicht in Frage gestellt, es werden lediglich einige marginale Verschiebungen stattfinden. Die Ärzte werden ein bißchen von ihrer profitablen Basis abgeben müssen, was in Zeiten des magerer werdenden Kuchens auch verständlich ist, die Macht der Bürokratieapparate wird zunehmen. Modellversuche bringen das alte System erst auf Hochglanz, indem sie die schmuddeligen Winkel ausleuchten, sprich transparent machen. Die Kostentransparenz ist eine "desodorierende" Herrschaftstechnik, deren kalte Glätte sie unangreifbar zu machen scheint.

Die Standardisierung des Gesundheitswesens

Erst wenn sämtliche Abläufe genau und vollständig erfaßt sind, wenn sozusagen Normal- und Abweichungsstandards formuliert sind, wird sich für die Krankenkassen ein positiver wirtschaftlicher Effekt ergeben. Hierzu ist es notwendig, die tägliche Praxis in ihre Einzelschritte zu zerlegen. Die Identifizierung der Einzelschritte der Alltagspraxis ermöglicht dann eine Zusammenfassung aller Daten auf verläßlichem Niveau. Das derzeitige Abrechnungswesen auf "Scheinen mit Einzelleistungen" kommt dem auch entgegen.

Unter den gegebenen gesellschaftlichen Bedingungen - Wachstumsideologie - entwickelt das Scheinesystem eine Eigendynamik dahingehend, möglichst viel aus einem Schein herauszuholen. Insbesondere in einer Zeit, in der zunehmend junge Ärzte auf den Markt drängen, die rücksichtslos, um ihre hohen Investitionskosten zu amortisieren, zulangen. Die Abrechnungen pro Patient liegen im ersten Praxisjahr bis zu 100 % über dem Durchschnitt. (28)

"Erstaunlicherweise spielt die Zahl der Ärzte bei der Verbesserung der Gesundheit keine Rolle. Zwar läßt sich aufgrund einer unveröffentlichten Studie des Weltgesundheitsrates eine starke Korrelation zwischen der Zahl der Ärzte pro Einwohner und der Kindersterblichkeit feststellen (nach Bereinigung des Einflusses, den das Niveau der wirtschaftlichen Entwicklung dabei hat). Gleichermaßen wurde bei einer Untersuchung in 64 Ländern herausgefunden, daß die Lebenserwartung bis zu einer Versorgungsdichte von 90 Ärzten pro 100.000 Einwohnern entsprechend zunimmt, daß die beiden Variablen jenseits dieser Rate, aber voneinander unabhängig sind." (29)

Die allerorten beklagte Ärzteschwemme wird bewirken, daß noch mehr Menschen zu Behandlungsfällen gemacht werden und die Krankheitskosten weiter steigen, solange das Ordnungssystem der Gesundheitsvorsorge nicht geändert wird, wofür es keinerlei Hinweise gibt.

Es ist das Ziel der Transparenzversuche, durch die Datenverarbeitung genaue Kostenberechnungen zu erstellen, diese einzelnen Krankheitsbildern und diese wiederum Patientenkollektiven zuzuordnen. Dadurch entstehen ganz detaillierte Krankheitsprofile, deren Maßeinheit die wirtschaftlichen Kosten sind. Die Gefahren dieser Normen liegen auf der Hand. Ausgeklammert wird, weil dies eben nicht zur Zahl reduzierbar ist: Subjektivität und Krankheitserleben. Um dies an einem Beispiel zu verdeutlichen:

Die Datenverarbeitung ermöglicht das Erstellen von durchschnittlichen Krankheitskosten, z.B. einer Herzinfarktbehandlung. Nehmen wir an, diese kostet im Schnitt 20.000 DM. Dies besagt dann, daß jede Behandlung, die mehr kostet, unwirtschaftlich ist. Es entsteht folglich ein Druck, möglichst unter die Grenze von 20.000 DM zu kommen. Damit sinkt aber auf die Dauer der Durchschnittswert und erzeugt einen weiteren Druck nach unten. Es entsteht also wieder eine Kostenspirale, aber diesmal der Ausgabensenkung. Per Knopfdruck wäre es den Kassen dann auch möglich festzustellen, wie teuer die Behandlung eines konkreten Patienten, z.B. eines Patienten mit einer Herzmuskelschwäche, im Vergleich zu einer "Kontrollgruppe" ist.

Wenn Individualprofile mit weiteren Daten kombiniert werden - Raucherverhalten, Übergewicht, Alkoholgenuß, um nur diese drei zu nennen, von denen angenommen wird, daß sie mit einem erhöhten Krankheitsrisiko zusammenhängen -, würden sich präzise Risikogruppen aussondern lassen, die mit einem Preiszuschlag für ihre Risikofaktoren auch haftbar gemacht werden könnten. Dies wäre dann der Preis für einen unsoliden Lebenswandel. Die Frage, wer die Norm für ein Normales setzt, wird nicht gestellt. (30)

Wenn Krankheiten und Krankheitsverhalten vorwiegend unter wirtschaftlichen Gesichtspunkten betrachtet werden, müßten auch die Lehrbücher umgeschrieben werden. Nach dem bisherigen Dreiklang: Anamnese, Diagnostik und Therapie müßte ein vierter Schritt:Kosten angefügt werden. Bei der Kostenspirale nach unten würden die Profite der Pharma- und Apparateindustrie und die zum Teil noch hohen Einkommen der Ärzte geschmälert - sicher wäre das sinnvoll. Zu befürchten ist jedoch, und alles weist darauf hin, daß bei den Rehabilitationsmaßnahmen und Kuren (31) an qualifizierter Therapie gespart wird und daß vor allem in Krankenhäusern ein rigoroser Personalabbau unter dem Deckmantel des Bettenüberhanges betrieben wird. In diesem Zusammenhang ist auch das Krankenhausfinanzierungsgesetz, das mit dem 1.1.1985 in Kraft trat, zu sehen. Nach diesem Gesetz ist es Krankenhäusern möglich, Profite zu machen, und auf der anderen Seite ist es den Krankenkassen erlaubt, Verträge mit unwirtschaftlichen Krankenhäusern aufzulösen.

Die Abschreckung der Betroffenen

Mit Hilfe genauer Kostenberechnungen lassen sich Verhaltensänderungen der Betroffenen erzielen. Neben der Diffamierung einer sogenannten Anspruchshaltung sind hierbei auch Überlegungen zu erwähnen, dem Patienten die Arztrechnung zuerst zukommen zu lassen, damit er sieht, wie teuer und anspruchsvoll er ist. Mit dieser "Transparenz der Kosten" für die Betroffenen sollen diese abgeschreckt werden. Effekt dieser Überlegung wäre, ebenso wie die mögliche Vorladungspraxis, daß die Betroffenen ihr Recht auf Gesundheit nur noch unsicher und unvollständig wahrnehmen würden. Sie sind doppelt bestraft: zum einen durch das Leid der Erkrankung, zum anderen "moralisch" durch die Unterstellung eines volkswirtschaftlich schädlichen Verhaltens. Hier tun sich historische Parallelen auf.

Die moralische Verurteilung läßt die Betroffenen zögern, bei kleinen Krankheiten und Befindlichkeitsstörungen einen Arzt aufzusuchen. Sie werden dann zunehmend ganz darauf verzichten. Die erhobenen Daten könnten somit auch eine "wissenschaftliche Grundlage" dafür werden, die sogenannten kleinen Krankheiten und Befindlichkeitsstörungen überhaupt aus dem Leistungskatalog der Kassen herauszunehmen.

Statt Transparenz des Gesundheitswesens: Humanmedizin

Die Verdatung des Gesundheitswesens bewirkt nicht nur eine Machtverschiebung, noch weiter weg von den Betroffenen hin zu den bürokratischen Apparaten, sondern sie verändert auch die Medizin in ihrem Wesensgehalt. Hinter der glänzenden Fassade der Transparenzmedizin jedoch wird dem Wesen der Medizin der Garaus gemacht.
Es ist demnach unabdingbar, daß Medizin tendenziell - als Humanmedizin verstanden - immer herrschaftlicher Verformung widerstehen muß. Widerstehen muß im Interesse ihrer eigenen Klientel und aufgrund der Erkenntnis von Krankheit als einem gesellschaftlichen Phänomen.

Widerstanden werden kann den neuen Technologien und ihrer Anwendung nur durch eine klare Konzeption auf der Basis von Grund- und Menschenrechten. Dies meint nicht nur das informationelle Selbstbestimmungsrecht, es meint auch das Recht auf Gesundheit und Krankheit. Allen Normierungsversuchen zum Trotz. Es meint ein Beharren auf der Dialektik zwischen Gesellschaft und Individuum, auf einem Verständnis von Krankheit und Gesundheit als einem gesellschaftlichen Phänomen, das sich in individuellem Leid und Glück ausdrückt. Um einem weiteren ungehemmten Ausbau der Informationstechnologie im Gesundheitswesen zu begegnen, ist eine hartnäckige und konsequente Kritik an den Bereicherungsmöglichkeiten der Anbieter notwendig. Unerträglich ist es, daß sowohl Ärzte, Pnarma- und Großgeräteindustrie als auch die Versicherungsbürokratie vom Leid der Menschen profitieren - sei es direkt ökonomisch oder über eine Ausweitung ihres Herrschafts- und Machtapparates.

Ansatzpunkt für eine politische Gegenstrategie wäre die Debatte über eine Abschaffung des Scheine- und Einzelabrechnungssystems hin zu einer pauschalen Vergütung der ärztlichen Leistungen. Ein weiterer Schwerpunkt der Diskussion müßten die Auseinandersetzungen mit den Profitinteressen und Eigentumsverhältnissen der beteiligten Industrien sein.

Es gilt, die Transparenzmedizin, es gilt, die Profitmedizin in die Richtung einer Humanmedizin zu verändern.

Anmerkungen

(1) Vgl. Christian Leipert: Ökologische und soziale Folgekosten der Produktion, Argumente für eine präventive Umweltpolitik, Wissenschaftszentrum Berlin 1984

(2) Eine Ausnahme macht Hans-Harald Bräutigam in DIE ZEIT vom 12.10.1985 "Medizin in der Defensive"

(3) Wilhelm Adamy, Johannes Steffen: Zwischenbilanz von Sozialdemontage und Umverteilungspolitik seit 1982, Köln 1984

(4) Vgl.:"Blätter der Wohlfahrtspflege",Februar 1985, und "vorgänge":Verwaltete Armut - Neue Armut, Heft 73/1985

(5) In: "Die Ortskrankenkasse" 19 vom 1.10.1984

(6) Maria Oppen: Auswirkungen der Krise auf den Krankenstand, Wissenschaftszentrum Berlin 1983

(7) Vgl. Peter Sichrovsky: Krankheit auf Rezept. Die Praktiken der Praxis, Praxisärzte, Kiepenheuer & Witsch 1984

(8) Wolfgang Germann in DIE ZEIT vom 1.4.1985

(9) Helmut Dubiel: Neue alte Politik. Falsche Antworten auf richtige Fragen - Der neo-konservative Salto mortale, in: "Freibeuter", Heft 18, S. 50

(10) Vgl. Götz Aly und Karl-Heinz Roth: Die restlose Erfassung, Berlin 1985

(11) Vgl. Hans Sendler: Der Einsatz von EDV für die Bewältigung moderner Aufgaben der gesetzlichen Krankenversicherung, in: Sozialer Fortschritt, Heft 10, Oktober 1984, S. 221

(12) Hans Sendler: Ziele und offene Fragen des EDV-Einsatzes in der gesetzlichen Krankenversicherung, in: Sozialer Fortschritt, Heft 11, 1984, S. 250

(13) Peter Atteslander: Schränkt die medizinische Technologie die ärztliche Autonomie ein?, in: Universitas, Jahrgang 40, 1985, S. 133

(14) § 223 Reichsversicherungsordnung: Die Krankenkasse kann in geeigneten Fällen im Zusammenwirken mit den kassenärztlichen Vereinigungen, den Krankenhausträgern für den jeweiligen Bereich, sowie den Vertrauensärzten die Krankheitsfälle vor allem im Hinblick auf die in Anspruch genommenen Leistungen überprüfen; die Krankenkasse kann den Versicherten und den behandelnden Arzt über die in Anspruch genommenen Leistungen und ihre Kosten unterrichten.

(15) Hier sei besonders auf ein Grobkonzept "Mögliche Maßnahmen zur Verbesserung der Steuerungsmechanismen und der Anspruchs- und Rechnungsprüfung im Leistungsgeschehen der gesetzlichen Krankenkassen in Westfalen-Lippe", des Landesverbandes der Innungskrankenkassen Westfalen-Lippe vom Januar 1984 hingewiesen. Diese Studie enthält auch eine umfangreiche, jedoch unvollständige Liste der bislang bekanntgewordenen Modellvorhaben zur Kostentransparenz.

(16) Friedrich Breyer: Krankenhauskostenstudien - ein methodischer Überblick, Diskussionsschriften Januar 1985 Nr. 96, Universität Heidelberg

(17) In der Bundesrepublik waren im September 1984 etwa 250 Praxiscomputer in Betrieb. Die Firma Nixdorf hatte zu dem Zeitpunkt etwa 100 Computer verkauft, SEL 50, Compomed 50. Die Preise für die Computeranlagen lagen zwischen 10.000 DM für die Kobraanlage des Deutschen Ärzteverlages (nur für Privatabrechnungen) bis zu 150.000 DM. Die durchschnittlichen Kosten für eine Anlage liegen bei 30.000 DM

(18) Vgl. Robert Paquet: Modellversuche zur Leistungs- und Kostentransparenz in der gesetzlichen Krankenversicherung. Thesen für die Sitzung des DVPW, Arbeitskreis Gesundheit und Sozialpolitik, am 12./13. Mai 1984 in Berlin

(19) Wolfgang Schievelbusch: Geschichte der Eisenbahnreise. Zur Industrialisierung von Raum und Zeit im 19. Jahrhundert, Hanser Verlag 1977

(20) Vgl. auch Gerd Schwandner: Neun Thesen zur Informationstechnologie im Gesundheitswesen, in: Grüne Blätter, März 1985, herausgegeben von den Grünen im Landtag, Konrad-Adenauer-Str. 3, 7000 Stuttgart 1

(21) Pressemitteilung Nummer 122/84 des Ministeriums für Arbeit, Gesundheit, Familie und Sozialordnung Baden-Württemberg

(22) Nach Aussagen des Staatssekretärs des MAGSF fanden sich erheblich mehr niedergelassene Ärzte als ursprünglich für den Versuch notwendig, die ihre Mitarbeit zugesichert hatten.

(23) Jürgen Dreher: Kommentar im Baden-Württembergischen Ärzteblatt vom April 1983, Seite 122: "Wenn das so weitergeht"

(24) Kommentar von Dietrich von Abel: Kostentransparenz wozu?" in: Der Hartmann-Bund in Baden-Württemberg, September 1984

(25) Presseerklärung der "Unabhängigen Liste demokratischer Ärzte in Nordbaden" in: Frankfurter Rundschau vom 12.3.1983

(26) "Vierter Tätigkeitsbericht der Landesbeauftragten für den Datenschutz" 1983, Landtagsdrucksache 8/4600

(27) Stellungnahme der Landesregierung zum vierten Tätigkeitsbericht des Bundesbeauftragten für den Datenschutz vom 2.7.1984

(28) Vgl. DER SPIEGEL vom 3.9.1984, S. 102

(29) Jaques Atali: Die kannibalische Ordnung - von der Magie zur Computermedizin, S. 214, Frankfurt 1981

(30) Manche Krankenkassen propagieren in ihren Schriften schon das "richtige Frühstück"

(31) s. den Vorschlag der Ministerin für Soziales und Gesundheit von Baden-Württemberg Frau Schäfer im Herbst 1984, die Kuraufenthalte auf den Urlaub anzurechnen

Angelika Bahl-Benker

Computertechnik in Büro und Heim: Rationalisierung der Kopfarbeit - der Frauenarbeit

1. DIE ERFAHRUNGEN DER BARBARA M.

"Als Barbara M. 1976 ihre Ausbildung zur Bürokauffrau abgeschlossen hat, wird ihr von der Konzernzentrale eine Stelle im zentralen Schreibbüro angeboten. Sie weiß zwar, daß sie dort ihre kaufmännischen Qualifikationen nicht nutzen kann, ist aber froh, überhaupt erst einmal eine Stelle zu haben.

Das zentrale Schreibbüro war schon 1970 eingerichtet worden. Damals begann man in diesem Konzern verstärkt die Büroarbeit zu rationalisieren, und im Schreib- und Sekretariatsbereich wurde der Anfang gemacht. Die Frauen waren die ersten 'Rationalisierungsopfer'. Die Arbeit der Sekretärinnen und Stenotypistinnen wurde eintöniger, der Leistungsdruck stieg, Stellen wurden nicht wieder besetzt. Viele Frauen - vor allem ältere - gingen von sich aus weg.

Als Barbara M. im Schreibbüro anfängt, arbeitet dort keine Frau mehr über 30. Barbara M. ist nicht glücklich mit dieser Arbeit, aber sie bleibt und hofft, daß sich bald eine andere Gelegenheit bietet.

1980 werden die alten Schreibautomaten, mit denen schon seit langem Standardbriefe für Werbeaktionen und dergleichen geschrieben werden, ersetzt durch ein neues elektronisches Textverarbeitungssystem mit Bildschirm. Barbara M. wird gefragt, ob sie daran arbeiten will. Sie greift begeistert zu, sieht eine Chance für eine höherqualifizierte Arbeit. Also wird sie drei Tage zu einem Einführungskurs beim Hersteller des Textsystems geschickt. Dann sitzt sie nicht mehr an der Schreibmaschine, sondern am Bildschirm und versucht, mit der völlig neuen Arbeitsweise zurechtzukommen. Die drei Tage 'Ausbildung' reichen hinten und vorne nicht; aber sie beißt sich durch und kommt letztlich klar - mit einigen Nachfragen beim Hersteller und mit einer ganzen Reihe von Tagen, an denen sie freiwillig und unbezahlt länger im Betrieb bleibt, um zu üben. Nach vier Monaten ist sie dann schließlich am Textsystem relativ sicher. Es war zwar eine harte Zeit, aber sie rechnet sich einfach Chancen aus, in dem Bereich weiterzukommen.

Die Arbeit von Barbara M. bestand vorher zum großen Teil darin, Angebote für den Verkauf zu schreiben. Angebote werden häufig oft geändert. Das Textsystem 'vereinfacht' nun die Erstellung von Angeboten ungemein, da sich die Sachbearbeiter große Teile aus vorfabrizierten Textbausteinen zusammenstellen. Unterm Strich bleibt: weniger Arbeit für die Sachbearbeiter, weniger Arbeit für die Schreibkräfte. Eine Kollegin hat gekündigt, ihre Stelle wird nicht wieder besetzt.

Barbara M. fühlt sich, da sie das Textsystem bedienen kann, relativ sicher, aber sie hat trotzdem Pech: Nachdem weitere Textsysteme installiert sind, werden die qualifizierten Arbeiten wie Neueingabe von Texten o.ä. aus dem Schreibbüro herausgenommen und einem gut bezahlten Kollegen übertragen. Nur die Routinetätigkeiten bleiben bei den Frauen.

Nach dieser Erfahrung hat Barbara M. endgültig die Nase voll vom Schreibbüro. Sie bewirbt sich weg, und Mitte 1982 klappt es dann auch: sie kann eine Stelle im Einkauf bekommen als Mitarbeiterin eines Einkaufsachbearbeiters. Der Sachbearbeiter - er ist gelernter Industriekaufmann - kümmert sich um Anfragen, Angebote und Bestellungen und führt Verhandlungen mit Lieferanten. Barbara M. muß alle dabei anfallenden Arbeiten verwaltungsmäßig abwickeln und schreiben. Endlich hat sie eine relativ interessante und abwechslungsreiche Arbeit, ihre kaufmännische Ausbildung kommt ihr zugute, und sie arbeitet sich sehr schnell ein.

1984 ist's dann wieder vorbei. Seit Jahren schon war von der Organisations- und EDV-Abteilung ein 'Einkaufs-, Informations- und Bestellsystem' vorbereitet worden. Jetzt wird es eingesetzt:

Alle Sachbearbeiter erhalten am Arbeitsplatz ein Bildschirmgerät, mit dem sie auf das System 'zugreifen' können und geben nun bei einer Bestellung nur noch den Artikel, die gewünschte Menge, das Lieferdatum usw. in das Bildschirmgerät ein. Der Text dazu, die Anschrift des Lieferanten usw., all das ist gespeichert und wird automatisch geschrieben. Bis 1986 soll dieses Briefeschreiben dann überhaupt durch 'Elektronische Post' abgelöst werden: die Bestellung geht dann direkt vom Konzerncomputer zum Computer des Lieferanten.

Der Arbeitsplatz von Barbara M. ist überflüssig geworden, wegrationalisiert, genauso wie die Arbeitsplätze ihrer Kolleginnen: von den 20 Sekretärinnen im Einkauf bleiben nur drei zurück für die Schreib- und Büroarbeiten, die nicht mit dem neuen EDV-System abgewickelt werden. Ebenso sind die meisten der bisher für den Einkauf arbeitenden Datenerfasserinnen überflüssig geworden. Was jeweils an neuen Daten anfällt, geben die Sachbearbeiter nun selber am Bildschirm ein.

Barbara M. wird ein Arbeitsplatz in einer anderen Abteilung angeboten, gemäß dem 'Rationalisierungsschutzabkommen', das der Betriebsrat kürzlich - alarmiert von den immer zahlreicheren Rationalisierungsmaßnahmen - durchgesetzt hat.

Für Barbara M. allerdings 'löst' sich das Problem anders: sie bekommt ein Kind. Da sie keine akzeptable Betreuungsmöglichkeit findet - die Stadtverwaltung hat in den letzten Jahren die Kinderbetreuungsplätze drastisch reduziert -, kehrt sie nach dem Mutterschutz unfreiwillig und mit gemischten Gefühlen nicht mehr in den Betrieb zurück.

1993 will Barbara M. - ihre zwei Kinder 'sind nun aus dem gröbsten raus' - wieder ins Büro zurück. Sie wohnt inzwischen weit außerhalb von Frankfurt, nur hier sind die Mieten noch zu bezahlen. Aber sie ist bereit zu einer weiten Anfahrt - auch für eine Teilzeitstelle. Sie sucht lange. Inzwischen gibt es jedoch fünf Millionen Arbeitslose, und auch in Städten wie Frankfurt mit vielen Angestelltenarbeitsplätzen ist Büroarbeit Mangelware geworden.

Schließlich wird ihr über eine Bekannte, die das auch schon macht, etwas angeboten: Heimarbeit an einem elektronischen Textsystem, das per Kabel mit dem Zentralcomputer eines großen Industriebetriebes nahe bei Frankfurt verbunden ist. Sie sieht dies erst sehr skeptisch, aber schließlich sagt sie mangels anderer Möglichkeiten zu. Der Betrieb stellt ihr einen Personalcomputer ins Wohnzimmer, denn diese Geräte sind in den letzten acht Jahren sehr leistungsfähig und sehr billig geworden. Die Kabelverbindung erfolgt über die Telefonleitung. Barbara M. weiß, daß das großzügig ist von ihrem Auftraggeber, ihr das Gerät zur Verfügung zu stellen. Die meisten neuen 'elektronischen' Heimarbeiter/innen müssen sich ihre Geräte selber anschaffen und, um konkurrenzfähig zu bleiben, immer wieder durch neue ersetzen.

Sie ist nun 'Selbständige Unternehmerin', zumindest auf dem Papier. Denn faktisch ist sie vom Auftraggeber wirtschaftlich abhängig. Mangelnde Aufträge, Krankheit, Überstunden - all dies ist ihr Risiko. Sie wird eingesetzt je nach Arbeitsanfall des Betriebes. Theoretisch kann Barbara M. wählen, wann sie arbeitet. Faktisch werden jeweils enge Termine gesetzt. Sie kann sie ablehnen, aber sie weiß genau, daß sie dann das Risiko eingeht, keine Aufträge mehr zu erhalten.

Bezahlt wird sie nach abgelieferten Seiten. Wenn sie Fehler macht, Seiten doppelt schreiben muß - all das geht zu ihren Lasten. Als 'Selbständige' hat sie natürlich auch keinen Betriebsrat, der sich um ihre Arbeitsbedingungen kümmert.

Nach einem Vierteljahr ist sie fertig von dem dauernden Leistungsdruck. Ihre Heimarbeit beeinträchtigt auch ihre Familie und das gemeinsame Leben. Die Wohnung ist viel zu klein. Konzentriert schreiben, wenn die Kinder toben, geht eigentlich nicht. Aber Barbara M. hat feste Abgabetermine. Also schreibt sie nachts. Das hat auch den Vorteil, daß dann der Zugriff zum Zentralcomputer kein Problem ist. Denn tagsüber wird es manchmal sehr eng, wenn sie etwas abrufen muß - z.B. Kundenadressen - und dann hat sie lange Wartezeiten. Da der Betrieb inzwischen ca. 15 % seiner Büroarbeiten als Heimarbeit verrichten läßt, kann er seine Computerkapazität auch knapper kalkulieren.

Am meisten aber macht Barbara M. zu schaffen, daß sie die ganze Zeit allein in ihrem Wohnzimmer arbeitet. Ihr fehlt der Kontakt zu den Kolleginnen und Kollegen sehr. Das war doch ein wesentlicher Grund, warum sie wieder ins Berufsleben zurück wollte. Aber jetzt bleibt ihr nur der 'Dialog' mit dem Computer. So hat sie sich das alles nicht vorgestellt, als sie sich - mangels Alternativen - auf die Heimarbeit einließ." (1)

Soweit die Geschichte der Barbara M. Ihre Erfahrungen sind Ausdruck der noch herrschenden Strategien der Bürorationalisierung und zeigen die besondere Betroffenheit der Frauen. Im folgenden werden nun die Probleme, die bei Barbara M. angeklungen sind, unter vier Fragestellungen weiter untersucht:

- Welche Entwicklungslinien von Technik und Technikanwendung zeichnen sich für die Büroarbeit ab?

- Welche sozialen und gesellschaftlichen Wirkungen sind damit verbunden und welcher politische Handlungsbedarf entsteht daraus?

- Wie wird in der Politik mit diesem Handlungsbedarf umgegangen?

- Welche Alternativen wären notwendig bei der Technikentwicklung und -anwendung sowie bei der politischen Steuerung dieses Prozesses?

2. ENTWICKLUNGSLINIEN VON TECHNIKEINSATZ IM BÜRO: DIE "NEUE QUALITÄT" DER INFORMATIONS- UND KOMMUNIKATIONSTECHNIKEN

Die "Informations- und Kommunikationstechniken" (IuK-Techniken) sind technisch gesehen die Verbindung von Computer- und Übertragungstechnik. Die dadurch entstehenden Computernetze sind die gemeinsame technische Grundlage für neue Möglichkeiten der sogenannten "Individualkommunikation". Dabei geht es vor allem um Geschäftskommunikation als auch um Massenkommunikation. Deshalb werden die IuK-Techniken in der Öffentlichkeit häufig auch unter dem Begriff "Neue Medien" diskutiert - wobei diese medienpolitische Diskussion jahrelang die Rationalisierungsproblematik ausklammerte.

Im folgenden werde ich dagegen ausschließlich auf den Aspekt

"Rationalisierungstechnik" und deren Wirkungen auf die Büroarbeiter/innen eingehen. Denn gerade in Krisenzeiten versuchen die Unternehmer verstärkt, ihre Profite durch kostensenkende Maßnahmen, durch gezielte Rationalisierungsstrategien sicherzustellen. Solche Rationalisierungsstrategien reichen von organisatorischen Maßnahmen auf Konzernebene, z.B. durch Standortbereinigung, über Produktrationalisierung etwa durch Ersetzen von Metallteilen durch Kunststoff bis hin zur Rationalisierung des Arbeitsprozesses selbst.

Computertechnik wird nun schon seit über 20 Jahren zur kommerziellen Informationsverarbeitung und damit zur Rationalisierung der Büroarbeit eingesetzt. Bislang wurden damit überwiegend einzelne Betriebsbereiche rationalisiert: erst Massenarbeiten wie z.B. die Lohn- und Gehaltsabrechnung, dann in den letzten Jahren zunehmend kompliziertere, weniger standardisierte Bereiche: beispielsweise der Verkauf oder die Fertigungssteuerung in der Industrie. Zur Datenverarbeitung kam seit den siebziger Jahren verstärkt die elektronische Textverarbeitung hinzu.

Die neue Qualität der Informations- und Kommunikationstechniken, die uns heute zum Problem wird, liegt darin, daß diese bisherigen "Inseln" integriert, vernetzt werden. Diese Vernetzung - dabei handelt es sich um einen Schlüsselbegriff - erfolgt auf mehreren Ebenen:

- Zum einen innerbetrieblich: Beispiele dafür sind "Integrierte Bürosysteme" - man denke an das Einkaufsinformationssystem, mit dem Barbara M. wegrationalisiert wurde - und die Einführung von "Bürokommunikation" genauso wie CAD/CAM-Systeme in der Industrie, mit denen Konstruktion und Fertigung immer stärker verbunden werden.

- Die zweite Ebene der Vernetzung ist die überbetriebliche: Computergesteuerte Netze zur elektronischen Datenübertragung verbinden Betriebe untereinander - z.B. die Automobilkonzerne mit den Lieferanten einerseits, den Autohändlern andererseits. Diese nächsten Stufen waren in dem Betrieb, in dem Barbara M. arbeitete, auch schon geplant.

- Auf einer dritten Stufe sollen nun auch die Privatwohnungen an diese Netze angeschlossen werden. Dadurch sollen "elektronische Selbstbedienung" bei Banken, Versicherungen, Reisebüros usw. und "elektronische Heimarbeit" möglich werden. Bildschirmtext (Btx) und Teletext sind dafür heute schon der Einstieg.

Diese Entwicklung bedeutet: Die IuK-Techniken sind nicht mehr als Maschinen zu begreifen, mit denen einzelne Arbeitstätigkeiten, einzelne Betriebsbereiche rationalisiert werden. Jeder Computer wird vielmehr zu einem Baustein in einem übergreifenden Netz der Informationsverarbeitung, das Berufs- und Privatsphäre immer stärker überzieht.

Ein solches Netz besteht heute schon in Ansätzen. Computer können über Btx, Teletex, Datex u.ä. untereinander verbunden, "vernetzt" werden; aber all diese Ansätze sind noch recht begrenzt in ihrer Übertragungskapazität und -geschwindigkeit. Die Planungen von Regierung und Bundespost (2) laufen deshalb darauf hinaus, diese Grenzen zu beseitigen und eine sehr leistungsfähige Rationalisierungsinfrastruktur zu erstellen - durch eine umfassende "Verkabelung" des Landes. Diese "Verkabelung" erfolgt nicht nur durch neue Breitbandkabel - wobei vor allem Glasfasernetze als besonders rationalisierungswirksam eingeschätzt werden müssen -, sondern auch und vor allem durch den Ausbau der sogenannten "schmalbandigen" Datenübertragungsmöglichkeiten auf der Basis des Telefons, der bereits - lautlos, aber auf vollen Touren - stattfindet (Digitalisierung des Telefons, ISDN).

3. DIE SOZIALEN FOLGEN: "DIE SCHÖNE NEUE ARBEITSWELT"?

Die IuK-Techniken werden in den Betrieben entsprechend der kapitalistischen "Logik" eingesetzt - zur Rationalisierung, sprich Arbeitseinsparung und zur Herrschaftssicherung durch Kontrolle der Arbeitenden. Einzelne Computersysteme sind dabei Bestandteile von umfassenden, langjährig geplanten Rationalisierungskonzepten, deren Folgen alle Beschäftigungsgruppen im Betrieb betreffen, Arbeiter wie Angestellte. Dies ist im Kopf zu behalten, wenn im folgenden ausschließlich auf den Angestelltenbereich eingegangen wird.

Welche Auswirkungen hat nun der Einsatz der IuK-Techniken im Büro; welche sind heute schon erfahrbar, welche für morgen absehbar, welche prinzipiell möglich?

3.1. Arbeitsplatzvernichtung

Die Folgen der Bürorationalisierung, der Produktivitätssteigerung in den Büros durch Anwendung der Computertechnik, zeigen sich jetzt schon sehr deutlich: Seit Jahren sind kontinuierlich 700.000 bis 800.000 Angestellte arbeitslos, 70 % davon sind regelmäßig Frauen (3). Dies ist die Situation heute - und wie sind die Perspektiven? Dazu einige Aspekte, ohne im einzelnen auf die verschiedenen Prognosen und deren Probleme einzugehen:

- Selbst die Bundestags-Enquete-Kommission "Neue Informations- und Kommunikationstechniken", die sich nicht gerade durch eine technikkritische Haltung auszeichnete, kam 1983 nicht umhin, für die IuK-Techniken ein Rationalisierungspotential von 10 %, d.h. von 2,5 Millionen Arbeitsplätzen anzuerkennen. (4)

- Angesichts dessen, daß Computertechnik immer leistungsfähiger und zugleich immer billiger wird, ist davon auszugehen, daß dieses Rationalisierungspotential genutzt wird, z.B. künftig verstärkt in Klein- und Mittelbetrieben.

● Die arbeitssparenden Effekte der IuK-Techniken zeigen sich aber nicht nur bei der Anwendung, sondern schon bei ihrer (hochautomatisierten) Herstellung: Allein im Bereich der "Büromaschinen- und Datenverarbeitungsgeräte" haben sich beispielsweise die Beschäftigten zwischen 1970 und 1980 um 13 % verringert - bei einer gleichzeitigen deutlichen Steigerung des Produktionsvolumen (DIW).

3.2. Strukturelle Betroffenheit der Frauen

Besonders aufschlußreich ist es, über globale Abschätzungen der Beschäftigungseffekte hinaus, genauer auf Strukturverschiebungen einzugehen.

Von der Computerisierung sind alle Beschäftigtengruppen betroffen. Überproportional aber erwischt es wieder einmal die Frauen. Diese Behauptung führt zurück zu Barbara M. Ihre Erfahrungen mit Rationalisierung sind Ausdruck und Ergebnis von jahrzehntelangen Praktiken geschlechtsspezifischer Arbeitsteilung und Personalpolitik: von Strategien, die die Frauen Ende des 19. Jahrhunderts als "Maschinenbedienerinnen" an den neu eingeführten Schreibmaschinen zuließen, von Strategien, die in den zwanziger Jahren gerade Arbeitsplätze der Frauen im Büro zum bevorzugten Objekt der Bürorationalisierung, zum Exempel tayloristischer Arbeitsteilung im Büro machten. (5)

Und heute rächt es sich, daß die Frauen auf die Routinetätigkeiten am unteren Ende der Bürohierarchie verwiesen wurden. Oder es erweist sich als günstig - das kommt auf den Standpunkt an! Denn diese "Frauenarbeitsplätze" sind nun am leichtesten zu computerisieren. Kein Wunder, daß sich jetzt bereits Ansätze einer "Entfeminisierung" der Büroarbeit zeigen - naht nicht nur das "papierlose", sondern auch das "frauenlose" Büro? (6)

Hier wirkt sich die elektronische Vernetzung ganz besonders aus. Denn Frauen überwinden durch ihre - meist eher eintönigen - Arbeiten bisher die sogenannten "Medienbrüche" und bringen Informationen - Texte und Daten - immer wieder in die Form, in der sie weiterverarbeitet und/oder übermittelt werden können.

Mit "Medienbrüchen" bezeichnen Rationalisierungsexperten die Tatsache, daß Briefe vom Band aufs Papier oder Daten vom Papierbeleg aufs Magnetband gebracht werden müssen. Bei weitergehender Computerisierung aber, wenn Daten - einmal eingegeben - elektronisch um die Welt geschickt werden, wenn statt Briefen nur noch elektronische Signale von Abteilung zu Abteilung, von Betrieb zu Betrieb ausgetauscht werden, wie es das Ziel des "papierlosen" oder "papierarmen" Büros ist, braucht man keine Datenerfasserinnen und Schreibkräfte mehr, genauso wenig wie technische Zeichnerinnen. Kurz: die Arbeitsplätze derjenigen, die bisher gut genug waren, die Medienbrüche zu überwinden, sind dann überflüssig. Siehe Barbara M.

Wenn in den Köpfen und in der Sprache der Rationalisierungsplaner Menschen und ihre Arbeit nur noch als "Umweg" für den Datenaustausch begriffen werden - Zitat einer IBM-Veranstaltung zu Bildschirmtext (7) -, dann vermeidet man diesen menschlichen Umweg doch am besten. Das ist die Logik, mit der die neuen Techniken eingesetzt werden.

Die Chancen der "Wegrationalisierten" für eine Arbeit in einem anderen Bereich sind gering. Die Rationalisierung findet statt vor dem Hintergrund weltweiter Krise und Massenarbeitslosigkeit, und sie trifft alle Wirtschaftsbereiche, vor allem aber den Dienstleistungssektor. Damit trifft sie aber auch das "Auffangbecken", das jahrelang die Wegrationalisierten anderer Bereiche aufnahm.

Für zwei Gruppen ist die Perspektive besonders aussichtslos:
- für die Datenerfasserinnen, die häufig aus der Produktion in diese Tätigkeit gekommen sind und keine Büroausbildung haben,
- für Frauen, die zur Betreuung der Kinder einige Zeit zu Hause bleiben. Die Chancen dieser Frauen, wieder in den Arbeitsprozeß hineinzukommen, werden immer schlechter.

Zu befürchten ist, daß die elektronische Heimarbeit gerade für viele Frauen zum letzten Ausweg wird, wenn sie nach einer Familienphase wieder in die Erwerbstätigkeit zurück wollen. Denn die tendenzielle Vertreibung der Frauen aus dem Büro - bisher immerhin ihr größter Beschäftigungsbereich - verringert die Chancen für eine selbständige und qualifizierte Berufstätigkeit der Frauen.

Die sozialen Folgen dieses Prozesses treffen nicht nur Frauen. Schließlich tragen diese betroffenen Frauen erheblich zum Familieneinkommen bei. Wenn sie nun ihre Arbeit verlieren, wird dieses entsprechend verringert. Für viele Familien dürfte das heißen, daß sie eine "neue Armut" kennenlernen müssen. (8)

3.3. Verschlechterung von Arbeitsqualität und -bedingungen

Die Rationalisierung der Büroarbeit mit den IuK-Techniken vernichtet nicht nur Arbeitsplätze, sondern sie verändert auch die Qualität der übrigbleibenden. Auch zu dieser Entwicklungstendenz einige Schlaglichter:

- Computertechnik ist eine Kontrolltechnik. Entwickelt für die militärische Anwendung, für die Steuerung von Raketen, ist "Kontrolle" Funktionsvoraussetzung: Die "gläserne Arbeit", der "gläserne Mensch" sind zentraler Bestandteil, nicht aber ein ärgerliches Nebenergebnis der Computeranwendung. Und die Persönlichkeitsprofile, die demnächst in den Bildschirmtextzentralen möglich sein werden, übertreffen die Visionen Orwells für 1984 bei weitem.

● Um Computerprogramme zu schreiben, braucht man - zumindest bei komplizierten Abläufen - das Fach- und Erfahrungswissen jener Arbeitnehmer, die ursprünglich die Tätigkeiten ohne Technik verrichteten. Also werden diese, soweit nötig, in den Entwicklungsprozeß einbezogen. "Benutzerbeteiligung" nennt sich das. Zynischer noch heißt es in der Organisatorensprache: "Den Sachbearbeitern die Schubladen ausräumen". Aber es sind nicht nur die Schubladen, es sind vor allem die Köpfe, die ausgeräumt werden! Mit dem Ergebnis dieser Wissensenteignung sind die Betroffenen später wieder konfrontiert: abstrakte Computerprogramme, die ihnen nicht nur die Arbeitsweise vorschreiben, sondern auch Leistung und Verhalten detailliert kontrollieren.

● Computerisierte Bearbeitung setzt voraus, daß Arbeitsabläufe formalisiert und standardisiert werden, so daß sie sich einfügen lassen in die Computerlogik. Die Menschen müssen sich daran anpassen, müssen sich daran gewöhnen, daß ihnen bei vielen Tätigkeiten der Computer die Arbeitsschritte bis ins einzelne vorgibt, daß ihre Kreativität nicht mehr verlangt ist, daß ihre - bei Lohnarbeit sowieso begrenzten - Handlungsspielräume noch enger werden.

● Schließlich werden durch den Computereinsatz Kommunikation und Kooperation verringert. Soziale Kontakte werden ersetzt durch den "Dialog" mit dem Bildschirm: der Zugriff zu den im Computersystem gespeicherten Informationen ersetzt die Nachfrage beim Kollegen und den Gang zur anderen Abteilung.

Wie selbstverständlich ist schon heute in der Alltagssprache die Rede vom "Kollegen Computer" und von "Mensch-Maschine-Dialog"! Diese Begriffe verschleiern, daß hier Technik soziale Beziehungen zerstört, daß ein Dialog eigentlich mal ein Gespräch und daß ein Kollege ein Mensch war.

3.4. Elektronische Heimarbeit - Akkordarbeit im Wohnzimmer

Zu den Problemen der Veränderung der Qualität von Arbeit gehört auch die Elektronische Heimarbeit, die durch ideologische Verschleierungen aufgewertet werden soll: Mit der Bezeichnung "Telearbeit" soll der Arme-Leute-Geruch der Heimarbeit, soll die Erinnerung an das Heimarbeiterelend des 19. Jahrhunderts verwischt werden. Es "empfiehlt sich, den durch historische Bedeutungsinhalte belasteten Begriff der 'Heimarbeit' durch einen neuen zu ersetzen", so war vor etwa einem Jahr in der FAZ zu lesen (9).

Elektronische Heimarbeit wie die der Barbara M. ist bereits heute in einigen Betrieben Realität. In Baden-Württemberg läuft ein Modellversuch der Landesregierung. Durch den Ausbau der Kabelnetze aber werden die technischen Voraussetzungen bundesweit dafür perfektioniert.

Möglich wird so eine neue Form der Rationalisierung: flexibler Personaleinsatz, immer nach dem aktuellen Bedarf des Betriebes - wie es im Einzelhandel schon verbreitet ist, wo Verkäuferinnen kurzfristig, stundenweise, nach Bedarf eingesetzt werden. Prinzipiell ist eine Auslagerung vieler Bürotätigkeiten möglich: bei der Textverarbeitung und Datenerfassung, bei Programmiertätigkeiten, bei kaufmännischen und technischen Angestellten.

Auch in diesen Bereichen zeichnet sich bereits wieder ab, daß - warum sollte es anders sein? - Frauen die schlechtesten Bedingungen treffen. Schon heute machen Heimarbeiterinnen eintönige Arbeiten wie Text- und Dateneingabe, während männliche Heimarbeiter meistens Programmierer sind.

Nun mag es Leute geben, für die elektronische Heimarbeit durchaus positive Aspekte hat - Wissenschaftler z.B. und andere "Hochqualifizierte" arbeiten ja auch zu Hause. Aber es wäre naiv zu meinen, diese Bedingungen würden nun verallgemeinert. Verallgemeinert werden "ungeschützte Beschäftigungsverhältnisse": ohne Kündigungs- und Arbeitsschutz, ohne Tarifverträge, ohne Sozialversicherung und ohne Interessenvertretung. Verallgemeinert wird auch soziale Isolation, "elektronische Einsiedelei", wie es die IG Metall auf dem letzten Gewerkschaftstag genannt hat. (10)

Dies beleuchtet die gesellschaftliche Dimension dieser Entwicklung: durch eine stärkere Verbreitung von elektronischer Heimarbeit würden nicht nur weitere Arbeitsplätze in den Betrieben wegrationalisiert. Die dadurch stattfindende Individualisierung von Arbeit würde Grundlagen des Arbeits- und Sozialsystems der Bundesrepublik aushebeln. Dieses beruht auf kollektiven Regelungen wie Arbeitsrecht und Sozialversicherung, Tarifverträgen und Betriebsverfassungsgesetz, die bei - formal! - "selbständigen" Heimarbeiter/innen nicht mehr greifen würden.

Elektronische Heimarbeit ist dabei erst der Anfang, die fragwürdigen Perspektiven der Telekommunikation gehen viel weiter: "Wenn wir erst die Datenverarbeitung über Kabel und Satellit auf den Philippinen abwickeln lassen können, was kaum länger dauern und teurer sein dürfte als bei uns, gelten die Regeln des organisierten Arbeitsmarktes nicht mehr" - so ein Vertreter des Instituts für Arbeitsmarkt- und Berufsforschung der Bundesanstalt für Arbeit (11).

3.5. Exkurs: Die Diskussion der "Experten"

Wenn ich da und dort die sozialen Folgen der IuK-Techniken beschreibe, beschleicht mich bisweilen schon das Gefühl, Stellvertreterin zu spielen. All diese Entwicklungen sind nachgewiesen. Sie sind nicht nur belegt in wissenschaftlichen Studien, sie sprechen aus vielen Berichten von Betroffenen in der gewerkschaftlichen Bildungsarbeit, sie sprechen aus der Umfrage bei den Betriebsräten von 1100 Betrieben, die die IG Metall kürzlich durchgeführt hat (12).

Aber noch immer ist es die Ausnahme, daß die Betroffenen im Büro selbst die Technik in Frage stellen, daß sie sich der Einführung widersetzen, daß sie Bedingungen stellen, die sie eingehalten haben wollen, wenn schon ihre Arbeit mittels Computertechnik verändert wird. Es gibt vereinzelt auch ermutigende Beispiele, z.B. von Frauen, die die Einführung eines zentralen Schreibbüros verhindert haben, und von Belegschaften in Betrieben, die weitreichende Betriebsvereinbarungen zur Bildschirmarbeit, zum EDV-Einsatz, durchgesetzt haben.

Aber das sind Ausnahmen. Regelfall ist eher, daß die Betroffenen die Wirkungen der Bürorationalisierung unterschätzen, daß sie von der Technik fasziniert sind und das Bildschirmgerät als Aufwertung ihres Arbeitsplatzes begreifen. Die Arbeitgeberstrategien zur "Förderung der Akzeptanz" tragen dazu bei. Hinzu kommt, daß die negativen Folgen meist erst nach längerer Zeit spürbar werden (13) und daß die Arbeit vorher meist auch nicht gerade ideal war - siehe die Erfahrungen der Barbara M. im Schreibbüro. Das "Unterschätzen" kann auch heißen: wegschieben, nicht wahrhaben wollen, daß frau/man eigentlich was dagegen unternehmen müßte.

Andere Reaktionen sind offene Resignation, Angst, das Gefühl von Ohnmacht, so daß Hoffnungen auf Alternativen gar nicht erst entstehen. Gerade Frauen, denen ihr Leben lang abgewöhnt wurde, sich aktiv mit Technik zu befassen, reagieren oft resignierend. Aber: vielleicht besteht bei ihnen auch eine Chance, daß die geschlechtsspezifische Sozialisation sich wendet zu einer produktiven Technikdistanz, zu einem In-Frage-Stellen und einem Sich-Wehren gegen die schöne neue Kabelwelt.

4. IUK-TECHNIKEN IN DER POLITIK: DAS AUSBLENDEN DER SOZIALEN BRISANZ

Als Antwort auf die Frage, wie denn nun all diese negativen sozialen Folgen der IuK-Technik politisch bewältigt werden, reicht ein Wort: Fehlanzeige. Anders formuliert: Die neuen Technologien werden zwar politisch massiv gefördert und propagiert, die sozialen Folgen aber werden nicht thematisiert und erforscht, geschweige denn, daß politische Maßnahmen zu ihrer Bewältigung unternommen würden. Dies gilt für die Forschungsförderung im Bereich Informationstechnik genauso wie für den Ausbau der Telekommunikation durch die Bundespost. Nur drei Beispiele:

Erstens: Die "Förderkonzeption Informationstechnik" der Bundesregierung vom März 1984. Das dort entwickelte Konzept - es stützt sich massiv auf ein Memorandum der informationstechnischen Indutrie - sieht mit -zig Milliardenbeträgen eine koordinierte Förderung der IuK-Techniken vor. Koordiniert werden Forschungs-, Technologie- und Wirtschaftspolitik, Bundespost, Rüstung und Bildungspolitik - letztere zur Sicherung der "Akzeptanz". Von Sozial- und Gesellschaftspolitik aber ist nicht die Rede. Politischer Handlungsbedarf zur sozialen Bewältigung der durch die IuK-Techniken entstehenden Probleme wird offenbar als nicht existent angesehen, daran ändern auch einige unverbindliche Floskeln zu einer Technologiefolgenabschätzung nichts. So geht es eben "nur" darum, mit Hilfe von Expertensystemen, mit der 5. Computergeneration, mit künstlicher Intelligenz "Computer ... zum einfach handhabbaren Denkzeug" (14) zu machen.

Ein zweites Beispiel für die grundsätzliche Ausblendung der sozialen Folgen der IuK-Techniken ist die Einführung von Bildschirmtext (Btx). Btx ist der Einstieg in die allgemeine Vernetzung, da damit erstmals durch jeden Telefonanschluß Computerleistungen und -verbindungen zugänglich werden.

Der Staatsvertrag aber, der inzwischen von den Bundesländern ratifiziert worden ist, enthält außer einigen unzureichenden Datenschutzregelungen kein Wort zu den sozialen Folgen. Dabei bedeutet allein die elektronische Selbstbedienung, mit der es möglich ist, vom Wohnzimmersessel aus Banküberweisungen zu machen, einzukaufen und den nächsten Urlaub zu buchen, ein beachtliches Rationalisierungspotential - vor allem für die Beschäftigten in den Büros des Dienstleistungsbereiches.

Drittens: Die Sprach- und Bewußtlosigkeit der Politiker hinsichtlich der sozialen Folgen zeigt sich auch beim bevorstehenden "computergerechten" Ausbau des Telefonnetzes, Stichwort "Digitalisierung", durch den Datenübertragungsmöglichkeiten und das Rationalisierungspotential vervielfacht werden.

Das Ausblenden der sozialen Brisanz der Informations- und Kommunikationstechniken gelang deshalb jahrelang so gut, weil sich die Auseinandersetzung auf eine Diskussionsebene beschränkte: auf die Medienpolitik. Ansatzpunkt war die Kupferkoaxialverkabelung für das Fernsehen und die damit verbundene Problematik des privaten Kommerzfunks - zweifelsfrei gesellschaftspolitisch wichtig und brisant, aber eben nur ein Teil des Rationalisierungspakets.

Zusammenfassend läßt sich festhalten:

- Heutige Technologiepolitik stellt eine öffentliche Investitionslenkung ersten Ranges dar - im Interesse der Rationalisierungs- und Herrschaftsinteressen des Kapitals. Die Milliarden, die in die Förderung der Informationstechnikindustrie, in den Ausbau der schmalbandigen Dienste und in die Kupfer- und Glasfaserverkabelung fließen, stehen für andere, sozial nützliche, Zwecke, z.B. für ein Beschäftigungsprogramm, nicht mehr zur Verfügung.

- Heutige Technologiepolitik ist gekennzeichnet durch ein erhebliches Demokratiedefizit: Die Planungen erfolgen jenseits des gesellschaftlichen Bedarfs. Die Mehrheit der Bevölkerung soll dafür bezahlen, daß wenige Unternehmer ihren Nutzen daraus ziehen, und gleichzeitig werden gesellschaftliche Benachteiligungen zementiert.

Zu der Einschätzung, daß hier große Politikdefizite bestehen, kommen nicht nur Gewerkschafter und kritische Wissenschaftler, sondern inzwischen sogar einige Wirtschaftsgrößen: "Es ist bislang allenfalls in Bruchstücken zu erkennen, daß sich die politishen Institutionen der BRD, insbesondere die Bundesregierung, die jeweiligen Entscheidungskapazitäten geschaffen hätten oder vorbereiteten, die sie zum dialogfähigen Träger eines gesamtstaatlichen Willensbildungsprozesses und notwendiger Klärungen gegenüber Wirtschaft und anderen Staaten macht. Wenn dieses Defizit nicht schnell abgebaut wird, sind schwerwiegende Fehlentwicklungen denkbar. Wer durch Politikverzicht der Entwicklung freien Lauf läßt, verschenkt notwendige Legitimation. Die Scheinlegitimation, die durch die Fernsehdebatte und den Datenschutz - so wichtig diese Themen für sich genommen sind - derzeit noch gehalten wird, wird sich in absehbarer Zeit als ein allzu bequemes Alibi herausstellen. Man kann von den Unternehmen nicht erwarten, alle politischen und gesellschaftlichen Nebenwirkungen zu bedenken und zu berücksichtigen. Sie haben dafür weder die kognitive noch die erforderliche handlungsbezogene Kapazität." (15) - So bereits 1981 Edzard Reuter, Vorstandsmitglied bei Daimler-Benz.

Doch damit solche Politikdefizite nicht so auffallen, floriert die Ideologieproduktion. Dazu gehören die in jüngster Zeit immer lauter werdenden Forderungen von manchen Politikern, Wissenschaftlern und Journalisten nach "Individualisierung" und "Flexibilisierung" von Arbeit, nach der Aussetzung von Tarifverträgen und dergleichen.

Für die Frauen wird eigens die "neue Mütterlichkeit" propagiert. Das ist nicht neu in Zeiten der Arbeitslosigkeit. Neu aber ist, daß die Rückkehr ins Heim ihnen mit dem Hinweis auf die Elektronische Heimarbeit schmackhaft gemacht werden soll. So etwa die CDA. (16)

5. NOTWENDIGE ALTERNATIVEN - ANSÄTZE FÜR EINE ANDERE TECHNIK UND EINE ANDERE POLITIK

Technikentwicklung und -anwendung und auch deren soziale Folgen sind bekanntlich keine Naturkatastrophen, sondern Ergebnis gesellschaftlicher Macht und politischer Entscheidungen. Deshalb war die Rede von den "denkbaren" und "möglichen" Wirkungen. Wäre die Zukunft vorbestimmt, wäre jedes soziale Engagement zwecklos. So aber stellt sich die Frage: wo gilt es anzusetzen, damit die düsteren Prognosen nicht Realität werden? Das impliziert die Frage nach Alternativen, nach denkbaren und notwendigen Ansätzen für eine andere - menschenfreundliche, soziale - Entwicklung. Eine Antwort darauf ist zweifellos schwierig, was sich auch in der gegenwärtigen Technikdiskussion zeigt: Analysen über negative Folgen der Computeranwendung und düstere Szenarien einer verkabelten Welt nehmen zu. Mögliche Alternativen aber sind weit spärlicher skizziert, geschweige denn realisiert. Diesem Dilemma kann auch ich nicht entgehen, ich will aber doch versuchen, im folgenden einige Ansätze für Alternativen aufzuzeigen.

5.1. Wieso eine "andere Technik"?

Derzeit sind die IuK-Techniken die einzig entwickelte Technik für eine automatisierte Informationsverarbeitung. Alternativen wurden und werden nicht verfolgt. Dabei sind jedoch Techniken vorstellbar, die gar nicht erst darauf angelegt sind, als "Denkzeug" den Menschen und spezifisch menschliche Fähigkeiten zu ersetzen, sondern die als Werkzeuge so ausgerichtet sind, daß Entscheidung und Kontrolle einschließlich der Beherrschung des Arbeitsprozesses beim Menschen bleibt. Die Arbeiter und Techniker von Lucas Aerospace beispielsweise haben mit einer solchen Zielsetzung Alternativen zur Robotertechnik konzipiert. (17)

Alternative Konzeptionen und ihre praktische Umsetzung wären notwendig auch für die Büroarbeit - aber statt dessen werden derzeit intensiv Computer-Systeme mit "künstlicher Intelligenz" entwickelt, die weitere bisher dem Menschen vorbehaltene Bereiche besetzen.

Vorstellbar und realisierbar wären auch andere Konzeptionen für den Ausbau von Kommunikationsnetzen. Konzeptionen, die nicht auf flächendeckende Verdatung und Verkabelung der Bevölkerung hinwirken, sondern auf einen differenzierten Netzausbau, der sich an unterschiedlichen Gruppen und deren Bedarfsstrukturen orientieren müßte.

Solche Ansätze sind sicher eine längerfristige Perspektive. Damit diese aber an Realität gewinnen kann, bedarf es heute einer Politik der Technikbegrenzung und Technikgestaltung.

5.2. Technikbegrenzung: Nicht alles, was technisch möglich ist, darf realisiert werden

Die Forderung nach Technikbegrenzung beziehe ich zunächst auf die Pläne zur Verkabelung und zum Ausbau der schmalbandigen Netze. Es müssen die "elektronischen Autobahnen" zur Datenübertragung bis in jede gesellschaftliche Nische, in jedes Wohnzimmer, verhindert werden, mit anderen Worten die massenhafte Verbreitung elektronischer Selbstbedienung und Heimarbeit.

Es mehren sich von verschiedenen Seiten Forderungen nach einem "Verkabelungsstopp". Z.B. haben einige Gewerkschaften entsprechende Beschlüsse gefaßt. (18) Begrenzung der Technik ist hier notwendig, da sich immer mehr abzeichnet, daß ein "digitales Einheitsnetz" - das könnte auch das ausgebaute Telefonnetz sein -, über das Individual- und Massenkommunikation laufen, politisch nicht mehr beherrschbar sein dürfte. Die Ansätze dafür sind bereits erkennbar.

Solange traditionelle Technik in Betrieben angewendet wird, bestehen Regelungsebenen und -instanzen, gibt es definierte soziale Träger und Mitbestimmungsrechte für den Widerstand gegen menschenverachtende Technik. Bei der überbetrieblichen Vernetzung jedoch, bei der öffentlichen Erstellung der infrastrukturellen Voraussetzungen, wird dies erheblich schwieriger, ebenso bei der Elektronischen Heimarbeit. Damit sind einstweilen Grenzen für die Einflußmöglichkeiten von Gewerkschaften und Betriebsräten bezeichnet, die freilich keine Legitimation für eine Verabschiedung der Gewerkschaften aus diesem Prozeß begründen dürfen.

Aber sie machen deutlich, daß mit den Informations- und Kommunikationstechniken nicht nur Arbeitsplätze vernichtet und verändert, nicht nur Arbeit in die Wohnungen verlagert und damit die Grenzen zwischen Berufs- und Privatsphäre verwischt werden - sei es als unbezahlte Datenerfassung bei der elektronischen Selbstbedienung, sei es als bezahlte Heimarbeit. Es geschieht ein weiteres: Mit der Durchsetzung dieser Techniken werden auch die vorhandenen politischen Steuerungsinstrumente obsolet. Sie greifen nicht mehr.

Das wird schon deutlich bei der Einführung von Bildschirmtext, der weder - wie die Massenmedien - unter die öffentlich-rechtliche Kontrolle fällt, noch bei der betrieblichen Anwendung durch das Betriebsverfassungsgesetz wirksam beeinflußt werden kann. (19) Und schon heute greift der Datenschutz bei Bildschirmtext nicht mehr ausreichend.

Entsprechendes gilt vielfach bei großen, vernetzten Kontroll- und Überwachungssystemen; deshalb ist auch hier Technikbegrenzung notwendig, wenn Datenschutz nicht zur Farce werden soll.

Angesichts solcher Konstellation ist es geradezu absurd, wenn Politiker massive Technologieförderung betreiben und dann wohlwollend meinen, die Folgeprobleme sollten von den Tarifvertragsparteien gelöst werden. Für eine am Menschen, an sozialen Kriterien orientierte Entwicklung und Anwendung von Technik müssen deshalb gerade in Anbetracht der Technikvernetzung erst einmal politische Rahmenbedingungen hergestellt werden - Voraussetzungen, wie sie bisher, bei begrenzten Technikformen, wenigstens vorhanden waren.

5.3. Technikgestaltung - für eine menschliche Arbeit

Die Konzeption einer am Menschen orientierten Gestaltung von Arbeit und Technik setzt an bei den Gestaltungsspielräumen, die bei der flexiblen Computertechnik bestehen. Solche Gestaltungsspielräume aufzugreifen bedeutet nicht, die problematischen Implikationen der Computertechnik, die oben angeführt wurden, an dieser Stelle nun zu leugnen. Aber diese Spielräume sind vorstellbar als ein "Korridor" (20), in dem eine Reihe von alternativen Möglichkeiten vorhanden sind - ohne daß damit grundsätzlich die Computerlogik außer Kraft gesetzt würde.

Bislang wird in der Regel nur die eine Seite dieses Korridors genutzt - die, die den Kapitalinteressen am meisten entspricht. Und wenn sich hier nichts ändert, werden in den nächsten Jahren gerade zahllose Frauen die Erfahrungen der Barbara M. machen müssen. Aber: Es wäre doch denkbar, daß die Geschichte der Barbara M. anders verläuft:

● Es wäre doch denkbar, daß mit der Einführung der Textsysteme das zentrale Schreibbüro aufgelöst wird und statt dessen Arbeitsgruppen von Sachbearbeitern und Schreibkräften eingerichtet werden, in denen die Arbeitsteilung stark verringert wird. Es wäre denkbar, daß in diesen Gruppen die volle Kompetenz für die Arbeit mit den Textsystemen bei den Frauen verbleibt.

● Es wäre doch denkbar, daß der Einkauf nicht vollständig computerisiert wird, sondern daß eine andere, "arbeitsorientierte" Konzeption von Büroarbeit realisiert wird, die gerade die spezifischen menschlichen Qualifikationen zum Ausgangspunkt nimmt und Arbeit nicht als Restgröße und "Umweg" - als den (noch) nicht automatisierbaren Anteil definiert.

● Es wäre doch denkbar, daß Computerprogramme so geschrieben werden, daß sie möglichst viele Entscheidungs- und Handlungsspielräume beim Menschen belassen.

● Es wäre doch denkbar, daß die durch Technik erreichten Produktivitätssteigerungen nicht in Personalreduzierungen umgesetzt werden, sondern in Zeit für Weiterbildung, um z.B. einen kompetenten und kritischen Umgang mit der Technik zu lernen; in Zeit für - bezahlte - Pausen, um sich von den Konzentrationsanforderungen der Bildschirmarbeit zu erholen und um mit den Kolleginnen und Kollegen zu reden; in Zeit für gemeinsame Besprechungen zur Arbeitsplanung usw.

● Es wäre doch denkbar, Regelungen zu finden, die verhindern, daß die Stellung der Frauen am unteren Ende der Bürohierarchie zur Rutschbahn nach draußen wird. Es könnten beispielsweise Vereinbarungen durchgesetzt werden, die festschreiben, daß sich der Anteil der Frauen an den Beschäftigten nicht verringern darf, wenn die Arbeitsplätze insgesamt zurückgehen.

Eine solche andere Gestaltung der Arbeit könnte für die Beschäftigten im Büro die Arbeitsbedingungen verbessern und die jetzt vorherrschenden negativen Rationalisierungsfolgen konterkarieren. Voraussetzung dafür allerdings ist, daß der Prozeß der Arbeitsgestaltung mit den betroffenen Beschäftigten stattfindet, daß ihnen nicht einfach neue Konzepte übergestülpt werden.

Damit verbindet sich die Hoffnung, daß die Erfahrung von Alternativen, von einer anderen Arbeit, Lernprozesse ermöglicht, Bewußtsein verändert und eine Mobilisierung bewirkt, damit letztendlich die Bewältigung der Rationalisierungsfolgen nicht länger nur Sache der Experten ist, sondern damit die Betroffenen - und gerade auch die Frauen - ihre "Sache" selber in die Hand nehmen.

5.4. Bedingungen der Umsetzung: Wir brauchen eine "Technologiepolitik von unten"

Eine Politik der Technikbegrenzung und -gestaltung muß eingebettet sein in eine Politik der Arbeitszeitverkürzung und Beschäftigungssicherung. Denn Arbeits- und Technikgestaltung sind gleichermaßen notwendig, um die verheerenden Auswirkungen des Computereinsatzes auf Menschen, auf die Persönlichkeitsstruktur, auf soziale Beziehungen zu verhindern. Die Massenarbeitslosigkeit aber kann dadurch nicht beseitigt werden.

"Beschäftigungspolitik" umfaßt auf Betriebsebene Rationalisierungsschutz und die Durchsetzung von Leistungsbegrenzung und Erholzeiten, aber z.B. auch das Verhindern von elektronischer Heimarbeit. Hinzu kommt das ganze Spektrum staatlicher Möglichkeiten zum Abbau der Arbeitslosigkeit - von Beschäftigungsprogrammen bis zur Arbeitszeitpolitik - und sozialpolitischer Absicherungen (z.B. Regelung gegen "ungeschützte Beschäftigungsverhältnisse").

Zur Umsetzung solcher Konzeptionen bedarf es nicht nur einiger sozialer Korrekturen, sondern einer anderen politischen Orientierung - gegen die Interessen der Herrschenden. Und der Arbeitskampf um die 35-Stunden-Woche zeigt mehr als deutlich, mit welcher Unerbittlichkeit, ohne Rücksicht auf die sozialen Kosten, das Kartell von Unternehmern und Regierung dafür kämpft, daß die Entscheidung nach seinen Interessen durchgesetzt wird. Hervorzuheben ist in unserem Kontext, daß es bei dieser Auseinandersetzung letztlich nicht um einige Stunden Arbeitszeitverkürzung geht, sondern gerade auch darum, wie angesichts der gewaltigen (technisch möglichen) Produktivitätssteigerungen unsere Gesellschaft künftig aussehen wird. Das freilich ist auch die Ausgangslage für die Durchsetzung von Alternativen.

An dieser Stelle ein paar Anmerkungen zur Politik der Betriebe und damit auch zu den Gewerkschaften. Die Gewerkschaften begriffen Technik lange relativ unkritisch als "technischen Fortschritt", der da und dort sozial abgefedert werden muß. Die Erfahrung mit den negativen Folgen der neuen Technologien, die Erfahrung mit durchgreifenden Rationalisierungsstrategien bei Massenarbeitslosigkeit hat diese positive Bewertung verändert. Inzwischen redet man zutreffender vom technischen Wandel, und es mehren sich in den Gewerkschaften diejenigen, die ihre Position zur Technik nicht mehr mit "Ja, aber ...", sondern mit "Nein, wenn nicht ..." beschreiben: Nein zum Einsatz von Technik, Nein zur Rationalisierung, wenn nicht soziale und humane Bedingungen gewährleistet sind.

Auf der Betriebsebene konkretisieren sich solche Ansätze beispielsweise in Vorstellungen zur Begrenzung von Kontrollsystemen und zur Gestaltung von Arbeit und Technik beim Einsatz von Textsystemen, von CAD usw. (21) Die Umsetzung und Durchsetzung solcher Konzepte allerdings ist ein mühseliger Prozeß. Warum?

- Grund dafür ist zum einen, daß die Arbeitgeber angesichts der Massenarbeitslosigkeit solchen Eingriffen in ihre "Domänen"- Arbeitsorganisation und Technikeinsatz - härtesten Widerstand entgegensetzen.

- Grund dafür ist zum anderen, daß die rechtlichen Möglichkeiten begrenzt sind und - wie jüngst durch das Urteil des Bundesarbeitsgerichts zur Mitbestimmung bei Bildschirmarbeitsplätzen - weiter eingeschränkt werden. Gleichzeitig sind angesichts von Krise und Massenarbeitslosigkeit die Bedingungen für politische Lösungen, für eine Mobilisierung der Betroffenen nicht gerade günstig - schon gar nicht, solange es bei einer bloßen "Expertendiskussion" bleibt.

- Grund dafür ist aber auch, daß entwickelte, abgesicherte Konzeptionen für eine andere Gestaltung von Arbeit - gerade beim Einsatz neuer Techniken im Büro - fehlen. Hier bestehen gravierende wissenschaftliche Defizite. Gerade kritische Sozialwissenschaftler ziehen es vielfach vor, Prozesse des technischen Wandels im Nachhinein auf empirischer Basis zu analysieren und sich nicht in die laufende betriebliche Auseinandersetzung zu begeben. Ergebnis sind dann dicke Studien, teilweise ausgezeichnete Analysen, aber ohne viel praktische Relevanz. Den praktischen Gestaltungsprozeß von Arbeit und Technik übernehmen andere - Betriebswirte,Arbeitswissenschaftler, Techniker - die unbehelligt von politischen Zweifeln dazu beitragen, daß die Fakten so gesetzt werden, wie es den betrieblichen Machtverhältnissen entspricht. Ausnahmen bei diesen Berufsgruppen bestätigen die Regel!

Für die <u>Frauenarbeit</u> und die Interessen von Frauen kommen allerdings noch ein paar Aspekte hinzu:

Frauen sind in den Gewerkschaften immer noch eine Minderheit - wenn auch oft eine zahlenmäßig recht große -, und auch viele Gewerkschafter halten Frauenarbeit immer noch für zweitrangig. Hinzu kommt, daß in vielen Fällen die Erhaltung, Sicherung und Verbesserung von Arbeitsplätzen für Frauen vielfältige Konkurrenzen in bezug auf die Arbeitsplätze der männlichen Kollegen erzeugt und daß sich diese dagegen zur Wehr setzen. Dazu ein Beispiel:

Sicherung von Frauenarbeit im Büro bedeutet meistens, daß für Frauen neue Arbeiten hinzukommen. Wenn die Textverarbeitung programmiert, automatisiert und einem Sachbearbeiter zugeschoben wird, werden Sekretärinnen und Schreibkräfte überflüssig. Wird die Arbeit dagegen so verteilt, daß qualifizierte Arbeitsplätze für Frauen bestehen bzw. neu geschaffen werden, geht dies auch "auf Kosten" von Sachbearbeiterplätzen, die überwiegend von Männern besetzt sind.

Der strukturelle Konflikt, "wer macht was", bleibt auch bestehen, wenn die Zahl der Arbeitsplätze insgesamt gleich bleibt. Bislang geht dieser Konflikt im Regelfall zuungunsten der Frauen aus. Da Frauen auch bei den Weiterbildungsmöglichkeiten benachteiligt werden, sind scheinbar "rationale" Begründungen für solche Entscheidungsmuster leicht zu (er)finden.

Dieser typische Konfliktverlauf entspricht der Erfahrung, daß Fraueninteressen in den Betrieben nur unzureichend vertreten werden. Für manchen Betriebsrat gibt es im Zweifelsfall wichtigere Beschäftigungsgruppen, deren Probleme viel höhere Priorität haben, als die der "Mädchen", wie die Frauen in den Büros häufig so nett genannt werden.

Und die Konsequenz daraus? Eine tragfähige Politik für Fraueninteressen beim Einsatz neuer Techniken muß eingebettet sein in eine tragfähige gewerkschaftliche Rationalisierungspolitik insgesamt. "Eingebettet" heißt aber nicht, daß sie dadurch überflüssig würde. Im Gegenteil, das Konzept der "sozialen Gestaltung von Arbeit und Technik" bedarf dringend einer frauenspezifischen Ausrichtung. Die aber wird es nicht geben, wenn sich nicht die Frauen selbst dafür engagieren.

Für Frauen gilt deshalb in besonderem Maße, was insgesamt Dreh- und Angelpunkt der Technikdurchsetzung ist: Es wird sich nichts ändern an den unsozialen und menschenverachtenden Folgen der betrieblichen Rationalisierung noch an der staatlichen Technologiepolitik, solange "von unten" alles akzeptiert wird, solange sich hier kein Widerstand regt, solange die "Akzeptanz" der neuen Techniken nicht in Frage gestellt wird. Deshalb gilt es anzusetzen mit einer "Technologiepolitik von unten" - in den Betrieben, Ansatzpunkte dafür habe ich schon genannt -, aber auch im außerbetrieblichen

Privatbereich. Die Durchsetzung der neuen Techniken gerade in diesem Bereich setzt deren "Akzeptanz" voraus: sie müssen angenommen werden. Und damit wird die "Abstimmung mit den Füßen" möglich: Wir brauchen uns nicht, wir sollten uns nicht an Btx und Kabelfernsehen beteiligen.

Setzt frau/man auf eine "Technologiepolitik von unten", so setzt das Bündnispartner voraus. Von den etablierten Parteien ist wenig zu erwarten: Die Politik der Regierung ist eindeutig - Technikausbau und Sozialabbau. Die SPD hat zu Zeiten der sozialliberalen Koalition den Ausbau der technischen Kommunikation vorangetrieben und ist überwiegend einem Konzept der "Modernisierung der Volkswirtschaft" verhaftet, das inzwischen auch das Kommerzfernsehen akzeptiert. Auf dem Parteitag im Mai 1984 gab es zumindest einige vorsichtige Beschlüsse (22) zur Verkabelung. Auch zur betrieblichen Rationalisierung finden sich kritische Positionen.

Ansätze für eine kritische Diskussion und Bewertung der IuK-Techniken sind vorwiegend bei den Gewerkschaften, bei den Grünen und bei zahlreichen Anti-Kabel-Gruppen, bei Initiativen gegen Kommerzfernsehen, in Frauengruppen und bei einer Vielzahl anderer Organisationen zu finden.

Wenn sich bei diesen Gruppen und Organisationen auch Schwerpunkte und Erfahrungen unterscheiden, wenn auch teilweise geradezu Berührungsängste gegenüber Technik bestehen: Es ist zu wünschen, daß hier der Druck des Kartells der Technikapologeten integrierend wirkt und daß die notwendige Zusammenarbeit besser wird.

Deren Zusammenarbeit gälte dem Ziel, die angeblich selbstverständliche "Akzeptanz" der neuen Techniken zu stören und im Betrieb und in der Öffentlichkeit deutlich zu machen, daß von einem "gesellschaftlichen Bedarf" nicht die Rede sein kann. Zusammenarbeit mit dem Ziel, der Technologiepolitik der Herrschenden eine "Technologiepolitik von unten" entgegenzusetzen, die sich auf die Interessen und Bedürfnisse von Menschen bezieht.

Dazu bedarf es der Aufklärung. Dazu bedarf es der Politisierung der Technikdiskussion und der Mobilisierung der Betroffenen: der Widerstand gegen die Volkszählung war hier ein Anfang. Dazu bedarf es überdies entwickelter Konzepte für Alternativen. Denn Aufklärung über eine problematische Zukunft ohne Verdeutlichung anderer möglicher Perspektiven verstärkt nur die Resignation.

Wir brauchen also nicht nur eine Gegenöffentlichkeit, sondern eine Gegenbewegung zur herrschenden Technikdurchsetzung. Das erfordert viel Phantasie und einen langen Atem.

Anmerkungen

(1) Die Geschichte der Barbara M. ist entnommen aus: Angelika Bahl-Benker, Statt Hektik im Büro angenehmes Arbeiten im eigenen Wohnzimmer? In: Frauen am Computer (Hrsg. E. Vogelheim), Reinbek 1984

(2) Vgl. zur Technologie- und Fernmeldepolitik: BMFT, Informationstechnik - Konzeption der Bundesregierung zur Förderung der Entwicklung der Mikroelektronik, der Informations- und Kommunikationstechniken, Bonn 1984, und die Pläne der Deutschen Bundespost für den Ausbau der Fernmeldeinfrastruktur, in: ZFPF (Zeitschrift für das Post- und Fernmeldewesen) 6/84, sowie verschiedene Texte von Herbert Kubicek zu den Neuen IuK-Techniken (inzwischen veröffentlicht in: Herbert Kubicek/Arno Rolf, Mikropolis - mit Computernetzen in die "Informationsgesellschaft", Hamburg 1985, VSA

(3) Vgl. zur Arbeitsmarktentwicklung bei Bürobeschäftigten: L. Troll, Büroberufe im Wandel, Materialien aus der Arbeitsmarkt- und Berufsforschung (Hrsg. IAB der Bundesanstalt für Arbeit) 1/84

(4) Zwischenbericht der Enquete-Kommission "Neue Informations- und Kommunikationstechniken", Bundestagsdrucksache 9/2442 vom 28.3.83, S. 104

(5) Vgl. dazu IG Metall/HdA-Beratungsprojekt, Büro 1880 bis 1930 - Frauenarbeit und Rationalisierung, Frankfurt 1984 (IGM)

(6) Vgl. "Die im Büro tätigen Frauen verlieren Beschäftigungsmöglichkeiten. So geht bei einer wachsenden Zahl von Beschäftigten im Bürobereich der Anteil der Frauen zum ersten Mal seit 20 Jahren zurück." Aus: L. Troll, a.a.O., S. 1

(7) IBM, Dokumentation der Tagung "Institut 84", Mainz 16.-17.5.84, S. 25

(8) Vgl. dazu Rudolf Welzmüller, Einkommensentwicklung und -verteilung. Aktuelle Daten. In: WSI-Mitteilungen 6/1984, S. 350

(9) Wolfgang Heilmann, Bringt "Telearbeit" eine neue Heimarbeiterwelle? In: Blick durch die Wirtschaft, Frankfurter Allgemeine Zeitung vom 20. Mai 83

(10) IG Metall, Entschließung "Neue Informations- und Kommunikationstechniken" (E 9), Beschluß des 14. Ordentlichen Gewerkschaftstages 1983 in München

(11) Bernhard Teriet (IAB) zitiert nach: Barbara Boettger: Steht die

Vertreibung der Frauen aus Büro und Verwaltung bevor? In: Zukunft der Frauenarbeit - Neue Verhältnisse in Technopatria, Beiträge zur feministischen Theorie und Praxis 9/10 1983, S. 33

(12) IG Metall, "Maschinen wollen sie - uns Menschen nicht". Rationalisierung in der Metallwirtschaft - Eine Bestandsaufnahme, Frankfurt 1983 (IGM)

(13) Vgl. Uwe Grünewald/Richard Koch, Informationstechnik in Büro und Verwaltung II, Berlin 1983 (BIBB), S. 28 ff.

(14) BMFT, a.a.O., S. 78

(15) Edzard Reuter, "Klassische Hierarchie-Strukturen lösen sich auf oder zerbrechen. Politische Probleme auf dem Weg zur telematischen Gesellschaft", Frankfurter Rundschau vom 1.10.1981, Dokumentation

(16) Leitsätze und Entschließungen der 19. CDA-Bundestagung 1981 in Mannheim: Die sanfte Macht der Familie/Schritte zu einer familiären Gesellschaft, I/These 1: "Neue Informationssysteme und Technologien bieten die Möglichkeit, wieder zu kleineren Produktionseinheiten zurückzukehren und Erwerbsarbeitsplätze in die Nähe des Wohnbereichs und eventuell ins Heim zu verlagern. Das sind Chancen, die erprobt und genutzt werden sollten."

(17) Vgl. P. Löw-Beer, Industrie und Glück, Berlin 1981, S. 92 ff.

(18) Vgl. z.B. IG Metall, Entschließung "Neue Informations- und Kommunikationstechniken", a.a.O.; HBV, Entschließung "Neue Medien/Verkabelung", beschlossen im März 1983, sowie die einschlägigen Beschlüsse des letzten ÖTV-Gewerkschaftstages, Juni 1984

(19) Vgl. dazu die DGB-Stellungnahme zum Btx-Hearing des Landtags von Rheinland-Pfalz am 22.11.83 (DGB Rheinland-Pfalz)

(20) Vgl. zur Charakterisierung der Möglichkeiten und Grenzen von Gestaltungsspielräumen Herbert Kubicek, Entwicklungstendenzen des Einsatzes neuer IuK-Techniken - Gefährdungen und Chancen für die Arbeitnehmer/innen. In: Rationalisierung und Humanisierung der Arbeit in Büro und Verwaltung - Kaufmännischer Bereich und Textverarbeitung. Tagungsband der IG Metall, HdA-Beratungsprojekt, Frankfurt 1983 (IGM), S. 57 ff.

(21) Vgl. z.B. IG Metall/HdA-Beratungsprojekt, Bessere Arbeitsbedingungen für die Frauen in der Textverarbeitung - Beispiele zur Humanisierung der Büroarbeit, Frankfurt 1983 (IGM)

(22) So hat sich auf dem SPD-Parteitag im Mai 84 keine Mehrheit für ein "Ja" zur Glasfaserverkabelung gefunden. Die entsprechenden Absätze wurden aus dem Antrag "Medienpolitik" herausgenommen. Vgl. Protokoll zum SPD-Parteitag, S. 398 ff.

Hedwig Rudolph

Frauenarbeit in der technischen Produktion: Vom tendenziellen Fall der Zumutbarkeitsgrenze

Die aktuellen Rationalisierungen im Produktionssektor markieren eine Zäsur im Prozeß gesellschaftlich-ökonomischer Modernisierung, der mit der Auflösung feudaler Lebensverhältnisse und der Ablösung der Produktion des ganzen Hauses seit Beginn des 19. Jahrhunderts in Gang gesetzt wurde. Mit dieser Entwicklung verknüpft war die Institutionalisierung eines Arbeitsmarktes, den von Anfang an insbesondere zwei Momente kennzeichneten: die Polarisierung von Hand- und Kopfarbeit sowie die geschlechtsspezifische Spaltung.

Soweit Frauen Zugang zu bezahlter Arbeit fanden, handelte es sich meist um Bereiche, die als Verlängerungen ihrer Familienaufgaben begriffen werden konnten: neben einigen "hausarbeitsnahen" Industrien standen ihnen hauptsächlich Dienstleistungsberufe offen. Bezüglich ihrer Reputation zehrten die "Männerberufe" von der überkommenen gesellschaftlichen Höherbewertung des Männlichen. Als Männerberufe galten körperlich anstrengende, qualifizierte Tätigkeiten, mit Frauenberufen wurde dagegen leichte, unqualifizierte Arbeit assoziiert. Daß dieses Klischee von Anfang an schief war, beeinträchtigte nicht seine Wirksamkeit.

Die Vorrangigkeit männlicher Berufsarbeit spiegelt sich auch in dem Umstand, daß sich technisch-ökonomische Rationalisierungsbemühungen vorrangig darauf bezogen. In dem Maße, wie durch Technisierung, Automatisierung, Umstrukturierung körperliche Anstrengungen reduziert, sowie der Qualifikationsbedarf ausgedünnt wurden, sickerten Frauen ein. Von einer Annäherung an das Grundrecht auf Gleichheit der Frauen am Arbeitsmarkt konnte keine Rede sein: nirgends erschlossen sich Frauen neue Berufsfelder, indem sie Männer verdrängten; sie rückten höchstens nach, wenn das Feld ohnehin geräumt war, weil Männer attraktivere Alternativen wahrgenommen hatten.

Die gegenwärtige Rationalisierungswelle zeichnet sich dadurch aus, daß automatisierte Teilprozesse verkettet werden, und zwar über die bisherigen Grenzen zwischen Produktions- und Dienstleistungssektor. Wesentliche Voraussetzung dafür war, daß auch Dienstleistungen, traditionelle Arbeitsfelder von Frauen, der rigiden Logik privatwirtschaftlicher Kostenminimierung angepaßt wurden. Folgenreich wurde die Umstrukturierung insofern, als inzwischen weite Bereiche ehemals typischer Männerarbeit die Merkmale aufweisen, die zur Abwertung von sogenannter Frauenarbeit herangezogen wurden: Körperkraft ist nur noch in Ausnahmefällen unentbehrlich, und auch der Qualifikationsbedarf hält sich in Grenzen. Ist mit der neuerlichen Technisierung die Wende für die Gleichbehandlung von Frauen im Arbeitsalltag eingeleitet? Wir wollen prüfen, wie weit diese Hoffnung trägt.

Die Durchführung von Rationalisierungsmaßnahmen in wirtschaftlichen Krisenphasen zeitigt für Lohnabhängige ein Spektrum repressiver Erfahrungen, wobei die Arbeitslosigkeit nur die viel beschworene Spitze des Eisbergs markiert. Seit der Rezession 1974/75 sanken die Arbeitslosenzahlen höchstens kurzfristig, zeigen aber insgesamt steigende Tendenz: etwa 2,5 Millionen derzeit! Beschäftigungsprobleme stellen sich jedoch nicht für alle Gruppen von Lohnabhängigen mit gleicher Schärfe. Vielmehr ist eine Tendenz zur Spaltung des Arbeitsmarktes unverkennbar: im sogenannten primären Arbeitsmarkt sind die anspruchsvollen, gut bezahlten, stabilen Arbeitsplätze der "Kernbelegschaften" konzentriert, im sogenannten sekundären Teilarbeitsmarkt die entleerten, schlecht entlohnten, unsicheren Jobs. Letztere dienen als Puffer für unkalkulierbare Absatzschwankungen, als Risikoabfederung für die Unternehmen - und für die Beschäftigten im primären Arbeitsmarkt! Nicht zufällig ist das Risiko, arbeitslos zu werden, für weniger qualifizierte Arbeitskräfte ungleich höher als für qualifizierte. Zwar ist die Arbeitslosigkeit nicht durch Qualifikationsdefizite bedingt, aber Qualifikation wird als eines der Auswahlkriterien benutzt bei der Entscheidung, wer zu feuern ist.

Eine besondere Problemgruppe am Arbeitsmarkt stellen die Frauen dar. Sie schützt vielfach nicht einmal ein - im Vergleich zu männlichen Kollegen - besserer Ausbildungsabschluß vor der Kündigung. Gerade die Tatsache, daß es in den vergangenen 20 Jahren verstärkt verheiratete Frauen und Mütter waren, die Erwerbsarbeit aufnahmen, dient den Unternehmen und den Betriebsräten als wohlfeiles Argument, sie "freizustellen". Indem sie auf ihren zweiten Arbeitsbereich - unzutreffend "Alternativrolle" genannt - nämlich Haushalt und Kindererziehung, verwiesen werden und auf Sicherung des Lebensunterhalts durch "ihren" Mann, erscheint das Konfliktpotential neutralisiert.

Diese Problemsicht, in der sich die Interessen von Kapital und Patriarchat verbünden, blendet aus, daß Lohnarbeit Frauen und Männer zwar nicht frei macht, daß aber die Blockierung des Zugangs zu Erwerbsarbeit für Frauen persönliche Abhängigkeiten erhält. Von einer Wahl zwischen Beruf und Haushalt kann doch insofern nicht gesprochen werden, als Frauen auf die Bedingungen für die Möglichkeit einer Erwerbsarbeit kaum Einfluß haben. Frauen das Recht auf eigenständige Subsistenzsicherung abzusprechen heißt häufig genug, sie in Situationen zu bringen bzw. zu belassen, wo sie - nach dem Motto "one man away from poverty" - Verhaltens- und Erfahrungszumutungen ausgesetzt sind, die vom menschenrechtlichen Anspruch auf Gleichheit und Würde weit entfernt sind.

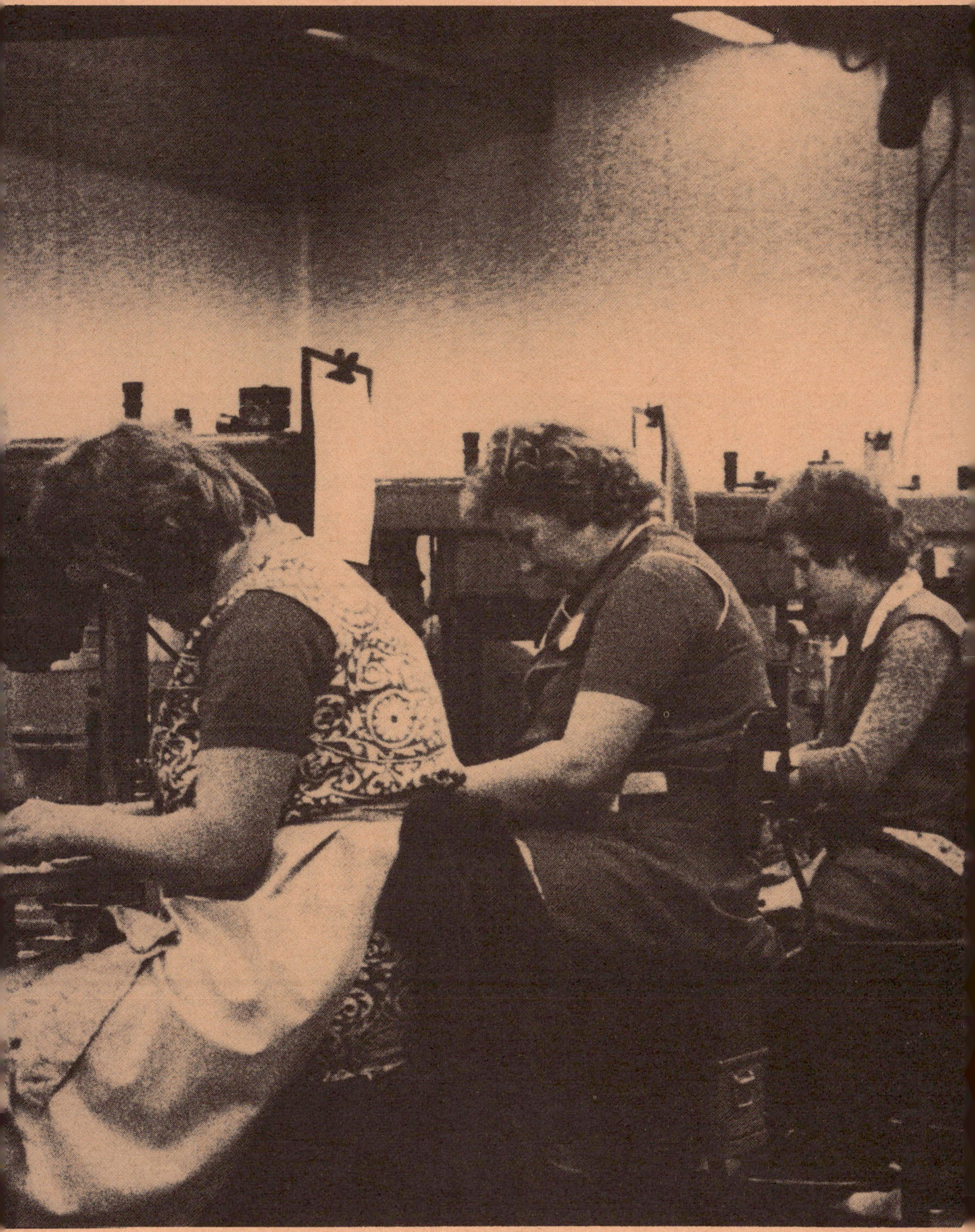

Meine Argumentation geht darauf hinaus, daß die hierin angesprochene Gewaltförmigkeit im sogenannten Privatbereich (auch) genährt wird durch die Repression am Arbeitsmarkt. Aber umgekehrt gilt auch, daß die traditionelle familiäre Arbeitsteilung, die Zuschreibung der Hausarbeit an die Frauen, die Basis ihrer besonderen Verwundbarkeit in der Erwerbsarbeit bildet. Frauen werden diskriminiert, weil sie Mütter sind, waren oder sein könnten, entgegen aller politischen Programmatik, daß die Reproduktion der Gattung eine eminent wichtige gesellschaftliche Leistung sei.

Von der Umgestaltung der Arbeitseinsatzbedingungen im Kontext der laufenden Rationalisierungsmaßnahmen ist kaum eine Beschäftigtengruppe ausgenommen. Frauen, so die These, sind jedoch in besonderer Weise, und zwar überwiegend negativ, betroffen. Im folgenden wird die spezifische Beschneidung ihrer Lebensgewinnungschancen im Produktionssektor aufgezeigt, deren Ursachen und Zusammenhänge markiert sowie Ansätze zu besseren Zukünften für Frauen skizziert.

Die Arbeitsmarktstatistiken - als relativ grobkörnige Hinweise - zeichnen unterschiedliche Muster der Entwicklung von Frauenerwerbsarbeit, je nach der Betrachtungsebene. Hinter der leichten Zunahme der Gesamtzahl weiblicher Beschäftigten (die der Männer sank im gleichen Zeitraum!) zwischen 1971 und 1980 verbergen sich gewichtige Umschichtungen nach Sektoren und Berufen: Sowohl in der Landwirtschaft als auch im produzierenden Gewerbe war die Zahl der lohnabhängigen Frauen 1980 jeweils um 250.000 niedriger als noch 1976. In der gleichen Zeit fanden im Dienstleistungssektor 513.000 Frauen zusätzlich Beschäftigung. Innerhalb des Produktionssektors waren die Arbeitsplatzverluste für Frauen besonders einschneidend bei Textil- und Bekleidungsberufen (-233.000), Schlosser/Mechaniker (-60.000), Metallerzeuger und -bearbeiter (-43.000), Elektriker/Monteure (-42.000) sowie Papier- und Druckberufe (-35.000).

In Krisenzeiten scheint die Logik unternehmerischer Argumentation besonders überzeugend, der konkurrenzvermittelte Kostendruck lasse keine andere Wahl als Rationalisierung über neue Technologien und/oder arbeitsorganisatorische Umstellungen. Demgegenüber sind zwei andere Momente im betrieblichen Kalkül weit entscheidender für Rationalisierung, nämlich die Verbesserung der Liefer- und Leistungsbereitschaft sowie die Kontrolle des Produktionsprozesses. Strategisch gewendet heißt das aber, daß durch Wohlverhalten an der "Lohnfront" Rationalisierungen nicht verhindert werden können. Allerdings trifft auf eine große Zahl von Frauenarbeitsplätzen zu, daß sie als Automatisierungslücken beibehalten werden, solange die Frauen hinreichend billig und willig sind.

Frauen verlieren mithin bei Rationalisierungsmaßnahmen überproportional häufig ihren Arbeitsplatz, weil sie auf stark zerlegte, wenig qualifizierte Tätigkeiten abgedrängt sind, die sich relativ leicht automatisieren lassen. Die Struktur der von Frauen besetzten Arbeitsplätze bildet weder ihre Wünsche noch - wie eingangs angedeutet - ihre Qualifikationen ab; sie ergibt sich vielmehr als Restgröße des jeweiligen Männerarbeitsmarktes. Wenn Frauen bislang Männern vorbehaltene Tätigkeitsfelder zugänglich werden, wie z.B. im gewerblich-technischen Bereich, handelt es sich nicht selten um die Automatisierungsschwerpunkte von morgen. Was nämlich Männer - Manager und Lohnarbeiter - den Frauen an bezahlter Arbeit übriglassen, spiegelt den jeweiligen historischen und regionalen Stand der gesellschaftlichen Arbeitsverteilung, d.h. "öffentliche" und "private" Machtverhältnisse.

Neben der Zahl liefert die Qualität der Arbeitsplätze, die Frauen zugänglich sind, wichtige Hinweise auf positive oder negative Entwicklungstendenzen weiblicher Berufschancen. Bei den gewerblich-technischen Berufen insgesamt ist eine Polarisierung der Qualifikationsanforderungen unverkennbar:

● Die qualifizierten gewerblichen Berufe gehen zahlenmäßig zurück, insbesondere unmittelbar produktionsbezogene Tätigkeiten. Steigend sind dagegen die Beschäftigtenzahlen für anspruchsvolle Aufgaben der Wartung und Reparatur.

● Qualifizierte technische Berufe (Ingenieure, Techniker) verzeichnen Zuwächse. Daß auch die Zahlen bei Hilfsarbeitertätigkeiten steigen, verdeutlicht, daß im Zuge technisch-organisatorischer Umstellungen sogenannte Restarbeitsplätze neu eingerichtet werden.

Die skizzierten Veränderungen der Struktur der Arbeitsplätze schlagen nachhaltiger und negativer in Tätigkeitsfeldern von Frauen als von Männern zu Buche. Diese Unterschiede sind nicht technisch erzwungen, sondern sind rückführbar auf die Gesichtspunkte und Verfahren, die die Entwicklung und betriebliche Umsetzung neuer Technologien leiten. Diese betrieblichen Strategien sind keineswegs geschlechtsblind: soweit günstigere Arbeitseinsatzbedingungen geschaffen werden, profitieren davon fast ausschließlich Männer, die weitaus häufigeren Verschlechterungen treffen überwiegend Frauen (Lappe/Schöll-Schwinghammer 1978). Die Polarisierung zwischen Männer- und Frauenarbeitsplätzen ist vielfältig belegbar: an Qualifikationsanforderungen ebenso wie an den (weiteren) Qualifizierungsmöglichkeiten, an Arbeitsbelastungen, aber auch an Arbeitsplatzsicherheit. Selbst an ähnlich strukturierten Arbeitsplätzen, etwa bei Montage, werden striktere Kontrollen der Arbeiterinnen als der Arbeiter berichtet (Feldberg/Glenn 1979).

Durch die verschärfte Zeitökonomie, die viele Betriebe als Teil von Rationalisierungsmaßnahmen einführen, sind Frauen in besonderer Weise unter Druck gesetzt, weil sie überwiegend auch noch Hausarbeit erledigen müssen. Insbesondere zwei neu bzw. verstärkt eingesetzte Arbeitszeitformen erschweren die Vereinbarung von Beruf und Familie: . .

- Schichtarbeit, die zur umfassenderen Nutzung der aufwendigen Technik erweitert wird und
- flexible Arbeitszeiten, die bloße Bereitschaftszeiten begrenzen sollen.

Frauen, die ihre außerberuflichen Lebensbereiche nicht hinreichend "flexibilisieren" können, z.B. weil die Kinder nicht mitspielen, werden dadurch vom Arbeitsmarkt verdrängt (Rudolph 1982). In den schlechten Arbeitseinsatzbedingungen des sogenannten sekundären Arbeitsmarktes ist Fluktuation betrieblicherseits bereits einkalkuliert!

Das Bild der Frauenarbeit im Rationalisierungsprozeß des Produktionssektors war in eher düsteren Farben zu malen. Gibt es Hinweise, daß in Zukunft auch die helleren Töne der Palette gefragt sein könnten? Vor leichtfüßiger Hoffnung sei ebenso gewarnt wie vor Appellen ausschließlich an die Adresse der Frauen.

Als Ansatzpunkt für verbesserte berufliche Möglichkeiten von Frauen wird in der politischen Diskussion die Frage der Qualifikation besonders betont. Richtig daran ist, daß Annahmen über die Fähigkeiten der verfügbaren Arbeitskräfte bei den organisatorischen Vorkehrungen des betrieblichen Einsatzes neuer Maschinerie eine Rolle spielen. Daß Technologie und Arbeitskräftestruktur sich wechselseitig bedingen, wirkte sich bislang - wie oben skizziert - zuungunsten der Frauen aus. Zwar können immer mehr Frauen weiterführende Schulabschlüsse und Berufsausbildung vorweisen, aber der Arbeitsmarkt nimmt das höchstens gefiltert zur Kenntnis: Qualifizierung schützt Frauen weniger als Männer vor Erwerbslosigkeit (Ifo/ISG 1983, S. 18), und soweit technisch-organisatorische Umstellungen vorgenommen werden, entscheiden die Betriebe, wer die Chance einer entsprechenden Umqualifizierung erhält, z.B. wer vom Technischen Zeichner zum CAD-Konstrukteur weitergebildet wird (Zentralverband 1983, 24).

Da Frauen im Produktionssektor mit seiner stark polarisierten Arbeitsplatzstruktur ganz überwiegend im unteren Segment beschäftigt sind, bedeutet Rationalisierung für sie höchstens ausnahmsweise ein Qualifikationsrisiko: ihre Arbeitsplätze stellen ohnehin kaum Anforderungen an formalisierte Ausbildung. Eine Verbesserung beruflicher Perspektiven für Frauen in der Produktion ist mithin an Veränderungen der Arbeitsorganisation gebunden, die die Tätigkeiten an Arbeitsplätzen neu schneidet, d.h. vielfältiger bündelt (Opalka 1984, 92 ff.).

Ein wesentlicher Bereich unternehmerischer Entscheidungsmacht ist die Einstellung von Personal. Die Struktur der betrieblichen Nachfrage nach Arbeitskräften führt - wie eingangs skizziert - zu gespaltenen Arbeitsmärkten in "gute" und "schlechte" Teilbereiche, die streng gegeneinander abgedichtet sind. Soziale Merkmale wie Alter,

Geschlecht, Nationalität spielen für die Verteilung von Personen auf Arbeitsplätze eine wichtige Rolle; sie sind keineswegs die Ursachen der Arbeitsmarktspaltung (Deutschmann 1982). Nicht dem Zufall oder beschränkter Berufswahl ist es mithin zuzuschreiben, daß Frauen überwiegend in gering qualifizierten, schlecht bezahlten Tätigkeitsfeldern arbeiten; entscheidend sind die betrieblichen Einstellungsverfahren. Ohne eine Änderung dieser Praxis bleibt die Tür zu den guten Arbeitsplätzen für Frauen verschlossen. Damit sind sie zugleich von den betrieblichen Fortbildungsprogrammen weitgehend abgeschnitten. Und hier schließt sich der Kreis: ausgerechnet mit dem Argument mangelhafter Qualifikationen begründen die Betriebe die bevorzugte Entlassung von Frauen, und unter Hinweis auf ihre Qualifikationskosten für Männer rechtfertigen sie deren größere Arbeitsplatzsicherheit (Bremm et all 1981).

Können Frauen beim Widerstand gegen die besondere Beschränkung ihrer Berufs- und Lebenssituation vorbehaltlos auf die Solidarität ihrer männlichen Kollegen rechnen? Daß dies nicht unbedingt zu erwarten ist,beleuchtet eine Studie über die Einführung von NC- und CNC-Maschinen. Angesichts der drohenden Enteignung von langjährig erarbeitetem Erfahrungswissen heißt es: "Die schöpferischen Potenzen, die die männliche Identität eines Facharbeiters bisher auszeichneten, werden auf das Lochband ... verlagert, gespeichert, reproduzierbar gemacht, von der Person abgekoppelt. Wie läßt sich der Abstand zu den Ungelernten, der ja auch ein Abstand des Mannes zur Frau ist, aufrechterhalten?" (Leithäuser 1983). Das Patriarchat grüßt das Kapital!

Frauen haben gelernt, daß sie um die Chancen einer Erwerbsarbeit und deren Rahmenbedingungen zu kämpfen haben. Sie müssen nun z.B. bezahlt werden, damit sie ihre Lohnarbeit bei Familiengründung aufgeben (Erziehungsgeld), und sie ziehen sich seltener in die sogenannte stille Reserve zurück, wie die Statistiken über Frauen mit mehr als zweijähriger Erwerbslosigkeit ausweisen. Bis zur Einlösung des Grundrechts auf Gleichheit in der Erwerbsarbeit ist es jedoch noch ein weiter Weg. Kritische Wachsamkeit ist geboten angesichts der sich abzeichnenden Tendenz, Frauen als Versatzstücke des ökonomischen Modernisierungsprozesses vorrangig in sogenannte ungeschützte Arbeitsverhältnisse zu kanalisieren. Scheinheilig etikettiert als Maßnahmen zur Förderung des Arbeitsmarktes, tendieren diese Strategien zur Unterspülung in Jahrzehnten errungenen Terrains bei der Absicherung von Arbeitseinsatzbedingungen.

Dieser Aspekt des aktuellen Rationalisierungsschubs könnte die Chancen für Solidarität positiv wenden, denn wenn die Männer den Gleichheitsanspruch von Frauen heute ignorieren, stehen ihre eigenen zukünftigen Arbeitsbedingungen auf dem Spiel.

Literatur

Bremm, Isensee, Ranneberg: Labor and Monopoly Capital: The Degradation of Work in the Twentieth Century, New York 1974

Ch. Deutschmann: Produktion, technischer Fortschritt und Beschäftigung. Arbeitskreis sozialwissenschaftliche Arbeitsmarktforschung, Arbeitspapier 1982-3

R.L. Feldberg, E.N. Glenn: Male and Female: Job Versus Gender Models in the Sociology of Work. In: Social Problems, Vol. 26, No 5 (1979), S. 524-538

Ifo-Institut/ISG: Technik und Frauenarbeitsplätze. Forschungsbericht des BMFT HA 83-011, Juli 1983

L. Lappe, I. Schöll-Schwinghammer: Arbeitsbedingungen und Arbeitsbewußtsein erwerbstätiger Frauen, Göttingen 1978

Th. Leithäuser: Arbeit, soziales Rollenverständnis und Arbeitszeitverkürzung. Thesen auf der Arbeitstagung der IG Metall "Perspektiven der Arbeitszeitverkürzung" vom 24.-26.8.1983 in Sprockhövel,MS

W. Opalka: Die "Automaten"-Frau. Rationalisierung in der Montage. In: K. Roth (Hg.):Träumen verboten, Hamburg 1984, S. 91-95

H. Rudolph: Zwischen "Präferenzen" und Profit: Zur bedingten Flexibilität teilzeitarbeitender Frauen. In: Offe, Hinrichs, Wiesenthal (Hg.):Arbeitszeitpolitik. Frankfurt, New York 1982, S. 98-105

Zentralverband des Deutschen Handwerks (Hg.): Neue Technologien - Chance und Herausforderung für das Handwerk, Schriftenreihe H. 35, Bonn 1983

Das Komitee

Das Komitee für Grundrechte und Demokratie begreift als seine Hauptaufgaben, einerseits aktuelle Verletzungen von Menschenrechten kundzutun und sich für diejenigen einzusetzen, deren Rechte verletzt worden sind (z.B. Berufsverbote, sogenannte Demonstrationsdelikte, Justizwillkür), andererseits aber auch Verletzungen aufzuspüren, die nicht unmittelbar zutage treten und in den gesellschaftlichen Strukturen und Entwicklungen angelegt sind (struktureller Begriff der Menschenrechte). Die Gefährdung der Grund- und Menschenrechte hat viele Dimensionen, vom Betrieb bis zur Polizei, vom Atomstaat bis zur Friedensfrage, von der Meinungsfreiheit bis zu den Berufsverboten, vom Verfassungsschutz bis zum Demonstrationsrecht, von den zahlreichen "Minderheiten" (Alte, Kinder, Strafgefangene, Asylbewerber, Ausländer, Homosexuelle, Demonstranten ...), bis zur längst nicht verwirklichten Gleichberechtigung der Frau

Vor allem praktische Hilfs- und Unterstützungsarbeit ist arbeits- und kostenaufwendig. Helfen Sie uns helfen!

Unterstützen Sie das Komitee durch Spenden oder eine Förderermitgliedschaft (das Komitee für Grundrechte und Demokratie e.V. ist gemeinnützig, so daß Spenden und Beiträge von der Steuer abgesetzt werden können).

Wer spezielle Fragen und Probleme hat, schreibe uns bitte einen Brief.

Komitee für Grundrechte und Demokratie e.V.
An der Gasse 1, 6121 Sensbachtal, 06068/2608

Spendenkonto des Komitees für Grundrechte und Demokratie
Postgiro Frankfurt, Konto Nr. 3918 81-600, BLZ 500 100 60